DuMont's Handbuch
Vergolden und Fassen

Die Fotos zu den einzelnen Arbeitsvorgängen des Vergoldens und Fassens wurden speziell für dieses Buch von Engelbert Pöschl, Innsbruck, angefertigt. Alle Abbildungen dieses Buches, deren Legenden nicht mit Fotonachweisen versehen sind, stammen von Engelbert Pöschl.

Nenna v. Merhart / Traudl Zulehner

DuMont's Handbuch Vergolden und Fassen

Polimentglanzvergoldung · Vergoldung hinter Glas und auf Papier
Öltechnik · Bronzierung · Fassung des Inkarnats
Reinigen und Restaurieren

DuMont Buchverlag Köln

Umschlagvorderseite: Werkzeuge und Materialien für die Vergoldung und farbige Fassung
holzgeschnitzter Werkstücke. (Foto: Engelbert Pöschl, Innsbruck)
Umschlagrückseite: Vergoldeter Rokokodekor in der bayerischen Wallfahrtskirche ›Die
Wies‹ von J. B. Zimmermann, 1754. (Foto: Marco Schneiders, Lindau)

CIP-Kurztitelaufnahme der Deutschen Bibliothek

Merhart, Nenna von:
DuMonts Handbuch Vergolden und Fassen :
Polimentglanzvergoldung, Vergoldung hinter Glas u.
auf Papier, Öltechnik, Bronzierung, Fassung d.
Inkarnats, Reinigen u. Restaurieren / Nenna v.
Merhart ; Traudl Zulehner. – Köln : DuMont, 1987.
  ISBN 3-7701-2084-1
NE: Zulehner, Traudl:

© 1987 DuMont Buchverlag, Köln
Alle Rechte vorbehalten
Nachdruck verboten
Satz und Druck: Rasch, Bramsche
Buchbinderische Verarbeitung: Hunke & Schröder, Iserlohn

Printed in Germany   ISBN 3-7701-2084-1

Inhalt

Zu diesem Buch

Gold hat schon zu allen Zeiten eine unerhörte Wirkung auf die Menschen verströmt und deren Faszination provoziert. Kein Land, kein Volk der Erde, konnte sich dem entziehen. Viele Jahrhunderte hindurch wurde der Besitz von Gold mit dem von Macht gleichgesetzt, weshalb das Odium des Goldes nicht immer nur ein positives war.

Mit einer kurzgefaßten Geschichte des Goldes, seiner Gewinnung und der Entwicklung im Handwerk des Goldschlagens befaßt sich dieses Buch in seinem ersten Teil und leitet dann über zu der viele Leser sicher interessierenden Frage, wie sich die Kunstfertigkeit des Vergoldens und des Fassens im Wechsel der Kunststile darstellt, was unverändert geblieben ist und was sich gewandelt hat. Nun, gewandelt hat sich nur sehr wenig, und so kann man mit Fug und Recht behaupten, das Handwerk des Vergolders und des Faßmalers gehört mit zu den ältesten. Apropos ›Faßmaler‹: Es gibt noch immer Leute, die sich darunter einen Maler vorstellen, der Fässer bemalt. Nach der Lektüre dieses Buches weiß man es besser. Man weiß auch, was man sich unter ›Fassung‹ vorzustellen hat, und wird bei gelegentlichen Besuchen in Museen, Kirchen oder Schlössern die dort aufgestellten Heiligenfiguren, Altäre, die üppig gefaßten Stukkaturen usw. nun, da man informiert ist, mit anderen Augen betrachten. Noch kritischer und fachgerechter wird der Blick, wenn man sich selbst in die Zunft der Vergolder und Faßmaler einreihen kann und diesen Schritt mit der Lektüre dieser Publikation begonnen hat.

Nach dem kunstgeschichtlichen Überblick führt das Buch den Leser in die praktischen Kenntnisse des Vergoldens und des Faßmalens ein. Im Gegensatz zu vielen ehrwürdigen Meistern dieses schönen Gewerbes stehen die beiden Autorinnen, von denen die eine, Traudl Zulehner, selbst Vergoldermeisterin ist, nicht auf dem Standpunkt, daß alles, was mit der Technik zusammenhängt, mit dem Mantel des Geheimnisses umgeben werden sollte. Nein, ganz im Gegenteil, sie möchten ihr Wissen gezielt ›unter's Volk‹ bringen. So beschreiben sie die technischen Details derart genau, daß jeder aufmerksame Leser sie nachvollziehen kann, was anhand der angegebenen Rezepturen um so leichter möglich ist.

Was die Autorinnen voranschicken möchten ist folgendes: die Polimentglanzvergoldung ist eine anspruchsvolle Technik, die präzises, sauberes Arbeiten und eine gewisse Erfahrung verlangt. Erfahrung kann man sich jedoch nur nach und nach erwerben. Die erste Vergoldung wird vielleicht mißlingen, die zweite schon besser geraten, und die dritte oder vierte wird nahezu perfekt sein. So steigert man sich von Stück zu Stück und wird damit eines wachsenden Erfolgserlebnisses teilhaftig. Freilich ist es sinnlos, mit einer extrem schwierigen Schnitzerei zu beginnen, deren Glanzvergoldung ein Anfänger noch nicht gewachsen ist. Besser ist es, den Schwierigkeitsgrad dem Ausmaß der vorhandenen Qualitäten und der Routine anzupassen. Auf keinen Fall sollte man zu rasch die Flinte ins Korn werfen, sondern sich bei einem Mißerfolg lieber an der eigenen Nase fassen und sich fragen, ob man auch wirklich sauber genug gearbeitet hat und ob man alle Regeln befolgt hat, die dieses Buch vermittelt.

Für diejenigen, die sich entweder nicht besonders anstrengen oder aber eine schnelle Methode wählen wollen, sind noch andere Techniken als die Polimentvergoldung angegeben und behandelt.

Auch das Fassen kommt nicht zu kurz und wird anhand eines Engelskopfes demonstriert.

Die beiden Autorinnen hoffen, daß dem Leser dieses Buch eine große Hilfestellung bieten wird, wenn er sich an das Handwerk des ›Vergoldens und Fassens‹ heranwagt.

1 Gold, seine Eigenschaften und Vorkommen

Gold, lateinisch ›aurum‹, ist ein chemisches Element mit dem Zeichen Au, der Ordnungszahl 79 und dem Atomgewicht 197,2. Gold kristallisiert im regulären System; aus seinen Lösungen ausgefällt, bildet es ein mattbraunes Pulver, zeigt hingegen in kompakter Form die charakteristische ›goldgelbe‹ Farbe, faszinierenden Glanz und hohe Politurfähigkeit. Es ist das dehnbarste aller Metalle, läßt sich zu feinstem Draht ausziehen und als Blattgold zu Tafeln von nur 0,00014 mm Dicke ausschlagen. Das spezifische Gewicht des Goldes beträgt 19,32; sein Leitvermögen für Wärme und Elektrizität ist etwas geringer als das des Silbers und des Kupfers. Es schmilzt bei 1036 Grad zu einer blaugrünen Flüssigkeit und verdampft merklich bei sehr hohen Temperaturen. In trockener und feuchter Luft hält sich Gold vollkommen unverändert, selbst bei hohen Temperaturen wird es von Sauerstoff nicht angegriffen. Kompaktes Gold wird durch Erhitzen in Königswasser gelöst.

Wegen seiner weichen Konsistenz wird das Gold nie rein, sondern in Form der härteren Silber- und Kupferlegierungen verarbeitet. Der Goldgehalt von Goldlegierungen wird heute vielfach in Tausendstel ausgedrückt, während früher nach Karat gerechnet wurde. Feingold, d.h. reines Gold, hat 24 Karat = 1000/1000 Goldgehalt, entsprechend enthalten achtzehnkarätige Goldwaren 750/1000 Goldgehalt, zwölfkarätige 500/1000 Feingold usw. Die gewöhnlichen Schmucksachen sind meist vierzehnkarätig, während die Goldmünzen aller Staaten 900 Teile Gold neben 100 Teilen Kupfer enthalten. Zur oberflächlichen Feststellung des Feingehaltes bedient man sich des Probiersteines und der Probiernadeln. Die genaue Ermittlung des Goldgehaltes erfolgt durch chemische Analyse.

Das Gold kommt in der Natur hauptsächlich in gediegener Form vor. Man unterscheidet das auf ursprünglicher Lagerstätte befindliche Gold als **Berggold** von dem auf sekundärer Lagerstätte – z. B. in Sand- und Geröllablagerungen – anzutreffende **Seifen-** oder **Waschgold**. Berggold ist gewöhnlich in Quarzgängen eingesprengt, mitunter in Form regulärer oktaedrischer Kristalle oder haarförmiger Drähte, meist aber in feinster Verteilung, begleitet von Schwefelerzen. Goldseifen sind durch Verwitterung goldhaltiger Steine entstanden. Sie enthalten das Gold als feinen Staub oder in Form von Blättchen, vereinzelt auch in Klumpen; so hat man in Westindien einen Goldklumpen mit einem Gewicht von 1350 kg gefunden.

Die Hauptfundorte für gediegenes Gold sind Transvaal, Australien, Kalifornien, Colorado, Alaska, Peru, Brasilien, Vorderindien, Ost- und Westsibirien, die Mandschurei und andere mehr. In Europa sind verschiedentlich Flußsande leicht goldhaltig. Mit den Flüssen gelangt das Gold in das Meer und findet sich dort im Tiefseeschlamm wieder.

Natürliches Gold ist niemals vollkommen rein, es enthält vielmehr stets kleinere oder größere Mengen Silber, oft auch Kupfer, Eisen und Platinmetalle.

Die Goldgewinnung aus dem eigentlichen Golderz geht immer über den Weg eines Lösungsmittels vor sich. Es gibt verschiedene Methoden, die aber nicht Inhalt dieses Buches sein können. Sie lassen sich in einschlägigen Lexika wie dem Großen Brockhaus nachschlagen.

2 Aus der Geschichte des Goldes

Es gibt keinen Stoff auf Erden, der so mächtig in die Geschichte und Geschicke der Menschheit eingegriffen hat wie das Gold. Seit in grauer Vorzeit (man rechnet mit ca. 5000 bis 6000 Jahren v. Chr.) die ersten Goldvorkommen auftraten, hat sich an der Faszination, die von diesem gelben Metall ausgeht, nichts geändert. Herrscher aus aller Welt führten seit alters her Kriege und Eroberungen, um in den Besitz von Gold zu gelangen, der ihnen neben Reichtum auch große Macht verschaffte.

Es ist kein Zufall, daß die ältesten uns bekannten Goldfunde religiöse Kultgegenstände darstellten. Farbe, Schönheit und Seltenheit machten dieses Metall im Glauben der frühen Völker zu einem Symbol ihrer Götter. Ein Abglanz der göttlichen Macht und Würde fiel auch auf den Priesterstand und das Königtum, und daher trugen zuerst nur Priester und Könige Schmuck und Gegenstände aus diesem göttlichen Stoff an sich. Aufgrund der ihnen zugeschriebenen engen Beziehung zu den Göttern wurde ihnen dieses Vorrecht unhinterfragt zugestanden. Das einfache Volk hatte keinen Anteil an göttlicher Würde und daher auch nicht am Besitz von Gold. Wahrscheinlich ist nicht zuletzt die lange in den Völkern lebende Überzeugung von der Göttlichkeit des Goldes Erklärung dafür, daß Münzen aus diesem Metall erst verhältnismäßig spät in Umlauf kamen.

Eine frühe literarische Erwähnung des Goldes findet sich in den altindischen heiligen Schriften der Weda. Deren Traditionsüberlieferungen reichen bis in das 4. Jahrtausend v. Chr. zurück, so daß man annehmen kann, daß Gold schon im damaligen Indien sehr geschätzt war. In Ägypten, dem reichsten Goldland der vorchristlichen Zeit, fanden sich bereits in den Gräbern des vorgeschichtlichen Gerzean (4100–3900 v. Chr.) goldene Halsketten. König Menes befahl 3100 v. Chr., Rohgoldbarren von 14 Gramm mit seinem Namen zu punzieren, doch hatten diese noch nicht den Charakter von Münzen.

Während man das Gold im 4. Jahrtausend v. Chr. noch auf kaltem Wege bearbeitete, zeigen Funde aus der 11. ägyptischen Dynastie (um 2000 v. Chr.), daß die Trennung von Gold und Silber bereits bekannt war. Außerdem stellte man Goldsilber- und Goldkupfer-Legierungen her. Die Ägypter schmolzen zur Scheidung der Stoffe das Rohgold mit Blei, Salz, Zinn, Spreu und Kleie in verschlossenen Tiegeln und sollen nach fünf Tagen und Nächten anhaltender Glut reines Gold vorgefunden haben.

In der Frühzeit gewannen sie Gold ausschließlich durch Waschen am Blauen Nil, später auch durch Bergbau in Unterägypten. Ramses II. (um 1300 v. Chr.) soll aus seinen Bergwerken jährlich einen Ertrag geschöpft haben, dessen Wert man mit 2 660 000 000 Goldmark gleichgesetzt hat.

Gegen Ende der Bronzezeit begann, wahrscheinlich ausgehend von Ägypten, auch in anderen Teilen Afrikas die Suche nach Golderzen. Man vermutet, daß die Bergleute dabei bis in den Norden des heutigen Transvaal vorgestoßen sind.

Die von Heinrich Schliemann in Mykene gefundenen Schätze stammen aus der Mitte des vorchristlichen Jahrtausends und waren zum Großteil aus Gold gefertigt.

Da den vorderasiatischen Kulturstaaten eigene Goldvorkommen fehlten, erwarben sie das Edelmetall durch Kauf und Tausch in Ägypten oder Lybien und brachten es mit Karawanen in ihre Länder. Die jüdische Überlieferung berichtet von Hawila und Ophir als den reichsten Goldländern. Über die geographische Lage dieser Länder sind schon zahlreiche Untersuchungen angestellt und viele Vermutungen geäußert worden. Besonders interessant erschien den Forschern Ophir, das in der Bibel zwar häufig genannt, jedoch nie genauer lokalisiert wird. Es findet sich lediglich eine Angabe über die Zeit, die die Schiffe brauchten, um Schätze von dort zu holen: »... Sie kamen in drei Jahren wieder und brachten neben Gold und Silber, Elfenbein, Affen und Pfauen.« Die Forschungsergebnisse Carl Peters' deuten darauf hin, daß Ophir mit dem heutigen Sofala, einem südostafrikanischen Hafen an der Sambesi-Mündung, identisch sein könnte. Man hat dort tatsächlich alte Bauten und Bergwerke gefunden und will sogar Spuren des Baaldienstes festgestellt haben.

Auch Arabien, besonders der südwestlich des Persischen Golfs gelegene Teil, war reich an Goldvorkommen. Bekannt ist ja der Bericht der Bibel über den Besuch der Königin von Saba bei König Salomon: »... und sie kamen gen Jerusalem mit einem sehr großen Zeug, mit Kamelen, die Spezerey trugen und viel Goldes und Edelgesteine.«

Die Geschichte des Goldes ist im Altertum auch häufig eng mit der Kriegsgeschichte verbunden. Durch die zahlreichen Eroberungsfeldzüge babylonischer, assyrischer und persischer Könige häuften sich die Goldschätze in den Hauptstädten der Sieger. Auch Alexander der Große, der sich zahlreiche Staaten des Vorderen Orients bis nach Indien untertan machte, erbeutete bei seinen Eroberungen einen immensen Schatz an Gold und sonstigen Preziosen, der nach seinem Tod aber wieder in alle Welt zerstreut wurde.

Der griechische Geschichtsschreiber Herodot erzählt, daß in Indien das Gold von Ameisen ausgegraben würde. Tatsächlich dürfte diese »Ameisenlegende« folgendermaßen zu erklären sein: Das an das nördliche Indien grenzende Tibet hatte seine Goldlagerstätten in einer Höhenlage von 5000 Metern. Wegen der dort herrschenden strengen Kälte trugen die Goldgräber ständig Fellkleidung, die nur das Gesicht frei ließ, und ihre Zelte standen zum Schutz gegen die eisigen Winde und Schneestürme in Erdlöchern. Die »Ameisen« Herodots sind also wahrscheinlich derart vermummte tibetanische Goldgräber gewesen.

Indien selbst holte seinen Bedarf an Gold aus dem Indus und dem Ganges.

Von 1100 v. Chr. an schürften die Phönizier in Thrakien, Bithynien und auf der Insel Thasos nach Gold. Der Goldreichtum Thrakiens war vermutlich eine der wichtigsten Stützen für die aufstrebende Macht makedonischer Könige.

Aber nicht nur Nordafrika und Teile Asiens lieferten Gold, auch im Karpathenbogen ist der Abbau bis in das zweite vorchristliche Jahrtausend zurückzuverfolgen. Die dakischen Goldbergwerke wurden später von den Römern betrieben und zum Teil sogar wieder in der Neuzeit abgebaut.

Auch die Kelten waren im Bergwerkswesen sehr erfahren und gewannen in Pannonien und Norikum sowie im heutigen Böhmen Gold (Farbtafel 1). Außerdem verwendeten sie auch schon Münzen aus diesem Edelmetall. Im übrigen dürfte die Münze wohl erst um das 7. Jahrhundert v. Chr. entstanden sein. Man vermutet, daß sie von einem der letzten Lydierkönige, Alyttes oder Krösus, eingeführt wurde. Genaues weiß man darüber bis heute nicht. In Ägypten oder Babylon konnte man schon Sachgüter gegen silberne oder goldene Ringe eintauschen, die aber noch nicht im heutigen Sinn als Münzen galten. Die Griechen versahen ihre Münzen oft mit Götterbildnissen, wodurch sie sakralen Charakter erhielten und oft auch Miniaturkunstwerke darstellten. Entgegen dem Bericht des römischen Geschichtsschreibers Tacitus über die römische Provinz ›Germania‹, daß dort Gold weder abgebaut noch aus Flüssen gewonnen werde, kannten die Germanen und Slawen sehr wohl dieses Edelmetall. Auch Gallien und Helvetien waren reich an Gold. Cäsar konnte die Schulden, die er für die ›Wahlpropaganda‹ seiner Kandidatur als römischer Konsul durchführen mußte, schon in kürzester Zeit mit gallischem Gold tilgen. Rom selbst war lange Zeit goldarm. Als die Gallier 390 v. Chr. für die Räumung der Stadt 1000 Pfund Gold verlangten, konnte diese Menge nur mit Mühe aufgebracht werden, und erst mit der Eroberung der Iberischen Halbinsel kam Rom in den Besitz eines der reichsten Goldgebiete Europas.

Der Geschichtsschreiber Plinius berichtet, daß man zur Gewinnung dieses Metalls ganze Berge zum Einsturz brachte und die Gesteinsmassen anschließend mit Wasser auswusch. Dieses Wasser wurde über Gräben geleitet, die mit Stechginster zum Auffangen des Goldes bedeckt waren. Spanien soll den Römern alljährlich 20 000 Pfund Gold – das Pfund zu 327 Gramm – eingebracht haben. Aber Tacitus und Plinius schreiben auch von gewaltigen Goldmengen, die außer Landes gingen, um Genußmittel aus dem Osten nach Rom zu schaffen. Dies bezeugen Funde römischer Münzen in China und Indien.

Mit dem Erstarken des Christentums und der damit zusammenhängenden Sklavenbefreiung ging der Goldbergbau stark zurück. Der Einbruch der germanischen Völker in den Mittelmeerraum legte ihn fast völlig lahm, und man gewann das Gold dort nur noch im Waschbetrieb.

In Europa erlebte der Goldbergbau erst wieder gegen Ende des 12. Jahrhunderts eine neue Blüte. Man begann in Schlesien mit dem Abbau, und deutsche Bergleute waren bald sehr gesuchte Fachkräfte. Durch sie wurden auch die ehemals römischen Goldbergwerke in Ungarn und Bosnien wieder in Betrieb genommen. Aus dem Bergrecht von Schemnitz in der Slowakei (heute Banska Stiavnica in der ČSSR) entwickelte sich in der Folge das Bergrecht des gesamten nichttürkischen Raumes.

Marco Polo bereiste bekanntlich in der zweiten Hälfte des 13. Jahrhunderts Asien und Indonesien. Sein Reisebericht, den er in einem Genueser Gefängnis einem französischen Mithäftling diktierte, erzählt uns von unermeßlichen Reichtümern an Gold und Edelsteinen, die er auf seinen abenteuerlichen Reisen im Fernen Osten vorgefunden hatte.

Auch Christoph Columbus wurde unter anderem von dem Gedanken an den vermeintlichen »Erfüller des Glückes« geleitet, als er am 6. Dezember 1492 in westlicher Richtung seine Rundfahrt nach Indien unternahm, um das Goldland Zipangu (Japan) zu erreichen. Eine Eintragung im Bordbuch lautet: »Gebe Gott, daß ich ein reiches Goldlager entdecke, ehe ich nach Spanien zurückkehre!«

So war es die Sucht nach Gold, die die Welt entdecken half. Bei der Eroberung Mexikos und Perus fielen den Spaniern riesige Mengen Gold in die Hände. Von den märchenhaften Schätzen der Azteken und Inkas kann man sich kaum eine Vorstellung machen. War das Gold bei den Indianern Mittelamerikas ausschließlich Symbol für die Götter und den König, so bedeutete es für die Eroberer den Maßstab für Wohlleben, Macht und Erfolg. Des Goldes wegen wurde die alte Kultur der Azteken vernichtet, und unersetzliche Kunstschätze wanderten in den Schmelztiegel der Konquistadoren. In der Kathedrale von Toledo wird heute noch das 220 kg schwere Ziborium aufbewahrt, das aus dem ersten Gold, das Columbus von seiner Entdeckungsreise nach Spanien brachte, verfertigt wurde.

Des Goldes wegen eroberte Francisco Pizarro das Reich der Inkas. Auf der Suche nach neuen, ergiebigen Goldquellen besiegten und erforschten die Konquistadoren weite Länder Südamerikas. Im 16. und 17. Jahrhundert erhandelten die Portugiesen und Holländer große Goldmengen in Japan. Zu Anfang des 18. Jahrhunderts nahm die Goldgewinnung großen Aufschwung in Brasilien, das dadurch zum führenden Goldland der damaligen Welt aufstieg. Aber wie überall, wo nach Gold gesucht wurde, kam es auch dort zwischen verschiedenen Bevölkerungsgruppen, besonders den Paulistas (Mischlingen) und den Europäern zu mörderischen Kämpfen. Außerdem trat eine große Lebensmittelknappheit auf, die eine in der Geschichte beinahe einzigartige Inflation mit sich brachte: Man wog die Lebensmittel in Gold auf. Schließlich stiftete der portugiesische Gouverneur Frieden, ließ Schmelzhäuser errichten und mit dem Abbau des Goldes beginnen.

Während die Goldlagerstätten Südamerikas allmählich versiegten, entdeckte man im 19. Jahrhundert neue Lager in Nordamerika. Zu Hunderttausenden kamen Vertreter aller Berufe und Stände nach Kalifornien, um mit Schaufel und Sieb ihr Glück im ›Wilden Westen‹ zu suchen. Vielen dieser abenteuermutigen Goldgräber rann das mehr oder weniger hart erarbeitete Fundglück aber wieder rasch durch Glücksspiel, Trunksucht und Frauen aus den Händen.

Ebenfalls im 19. Jahrhundert wurden die reichen Goldfelder Australiens entdeckt, das bis dahin ausschließlich als Verbrecherinsel Englands galt. In der Meinung, dort gäbe es keinerlei Bodenschätze, hatte man sich gar nicht erst die Mühe gemacht, das Land auszuforschen. Erst als 1851 ganz zufällig Gold in Australien gefunden wurde, holte man dieses Versäumnis nach, und die Goldsucher erkundeten nun den gesamten neuen Kontinent. Mehrmals wurden faustgroße Stücke des begehrten Metalls gefunden, und einmal war sogar ein »Nugget« darunter, das 100 Kilogramm wog. Der größte in Australien gefundene Goldklumpen hatte ein Gewicht von 236 Kilogramm. Die Edelmetallvorkommen machten Australien zu einem reichen Land und trugen wesentlich zum Aufbau dieses Staates bei.

1888 fand man im tiefgefrorenen Boden Alaskas Gold. Waren es in Australien Dürre und Hitze, unter denen die Goldsucher zu leiden hatten, so fielen sie in Alaska Schneestürmen, Wolfsrudeln und der Kälte zum Opfer. Mit Reisigfeuer mußte der Boden aufgetaut werden, bevor man an die goldhaltigen Sandschichten herankommen konnte. Doch lauerten nicht nur die Gefahren des rauhen Klimas, auch Geiz und Neid machten so manchen ›Digger‹ zum Mörder an seinem erfolgreicheren Arbeitsgefährten.

Als in Südafrika die überaus goldreichen Konglomerate am Witwaterrand entdeckt wurden, griff weltweit erneut das Goldfieber um sich. Johannesburg zählte 1886, im Jahr seiner Gründung als Goldgräberstadt, nur 3000 Einwohner, zehn Jahre später waren es schon 10000. Durch den großangelegten Bergbau stieg die Goldförderung von Jahr zu Jahr. Um 1900 erbrachte die Transvaalrepublik 14 Prozent der Weltausbeute an Gold. 1947 fand man im Transvaal neue, sehr ergiebige Goldadern, jedoch nicht wie bisher durch Versuchsgrabungen, sondern mit Hilfe geologischer Berechnungen.

Rußland, dessen Goldproduktion in Sibirien besonders große Ausmaße annahm, gehört auch heute noch zu den bedeutendsten Edelmetall-Lieferanten der Welt. Wie im gesamten Ostblock üblich, veröffentlicht die UdSSR keine Produktionszahlen, und wir sind nur auf Schätzungen angewiesen. Man spricht von jährlichen Beträgen zwischen 50 und 250 Millionen Dollar.

Der Goldrausch des vergangenen Jahrhunderts fand in den letzten Jahrzehnten keine Wiederholung mehr. Die Förderung, heute fast ausschließlich das Ergebnis wissenschaftlicher Forschung, erweist sich als ziemlich konstant. Schätzungen über die Rentabilitäts- und Lebensdauer der Goldbetriebe kommen zu sehr unterschiedlichen Ergebnissen. Selbst wenn keine weiteren Lager entdeckt oder neue Aufbereitungsmethoden entwickelt werden, reichen die derzeit in Ausbeutung befindlichen Lagerstätten noch für Jahrzehnte.

Jahrhunderte hindurch gab das Gold nicht nur entscheidende Impulse für die wirtschaftliche Blüte seiner jeweiligen Produktionsländer, sondern es beeinflußte auch das Wirtschaftsleben der ganzen Welt. Direkt oder indirekt bildet die Goldreserve auch heute noch das Rückgrat zahlreicher Währungen, und so dürfte es voraussichtlich auch in Zukunft weiterhin bleiben.

3 Blattgoldschlagen –
ein traditionsgebundenes Handwerk

Gold ist nicht nur als begehrter Rohstoff für Schmuck und schmückende Gegenstände geschätzt, sondern wird unter anderem aufgrund seiner hervorragenden Formbarkeit, chemischen Beständigkeit und elektrischen Leitfähigkeit in der Technik, z. B. in der Mikroelektronik, verwendet.

Eine der Verarbeitungstechniken zur Formgebung des Goldes hat sich über die Jahrtausende bis in die Gegenwart erhalten: die Herstellung des Blattgoldes. Das Einsatzgebiet ist weitgehend unverändert geblieben, werden doch auch heute noch die hauchdünnen Goldblätter zur Erhaltung und zum Schutz vor schädigenden Umwelteinflüssen sowie zur Hervorhebung der Schönheit von Kunst- und Bauwerken verwendet.

Schmuckstücke wie Ringe, Ketten, Uhren usw. können mit dem schützenden und zierenden Gold in wenigen Mikrometer Schichtdicke durch galvanische Verfahren überzogen werden. Auch Feuervergoldung bzw. Plattierungen sind möglich. Jedoch große Gegenstände wie Denkmäler oder Kuppeln, Bücher, Rahmen und Teile von Skulpturen lassen sich mit derartigen Verfahren meist nicht vergolden. In diesen Fällen wendet man die Technik der Blattvergoldung an, wie sie schon vor Jahrtausenden bekannt war: Hauchdünne Goldfolien werden mit bestimmten Verfahren auf die Oberfläche der Gegenstände aufgelegt und haften durch das Zusammenwirken eines Bindemittels und der Adhäsion.

Die Herstellung von Blattgold ist eine der ältesten Techniken zur Formgebung von Metallen. So sind auch die Abmessungen der sog. ›Pakete‹ zum Dünnschlagen des Goldes bis heute nahezu gleich geblieben. Nur ihre Dicke und damit die Anzahl der Goldblättchen pro Paket nahmen zu; ebenso veränderte sich die Art der Zwischenlage (Pergament, Eselshaut, Kupferblech, Haut vom Überzug des Rinderblinddarms, Papier).

Die Zentren der Goldschlägerei in Deutschland lagen seit dem Mittelalter in Mittelfranken und in Bayern im Städtedreieck Nürnberg-Schwabach-Fürth, später kam im Osten Dresden hinzu. Hier waren um 1880 etwa 300 Leute in sieben verschiedenen Betrieben mit der Herstellung von Blattgold beschäftigt.

Gegenwärtig gibt es in vielen Ländern, so auch in der Bundesrepublik, Blattgoldhersteller, im wesentlichen erfolgt die Blattgoldherstellung jedoch in Italien, Frankreich, England, in der UdSSR, den USA und in der Stadt Mandalay in Burma.

Wenn auch heute durch den Einsatz verschiedener mechanischer Arbeitsmittel, wie z.B. Walzanlagen oder Federhämmer, eine Dicke des einzelnen Goldblättchens von 0,0001 mm erreicht wird, hat sich doch in der Technik der Herstellung bis in unsere Zeit wenig verändert. Das Fertigschlagen des Goldblattes bedarf immer noch der Geschicklichkeit und des elastischen Schlages mit dem Handhammer durch den Blattgoldschläger.

Allerdings hat es verschiedentlich Versuche gegeben, die schwere körperliche Arbeit des Goldschlägers zu erleichtern und Maschinen an ihre Stelle zu setzen. Schon Leonardo da Vinci (1452–1513) verfertigte Konstruktionsunterlagen verschiedener Hammerwerksanordnungen zum Schlagen von Blattgold.

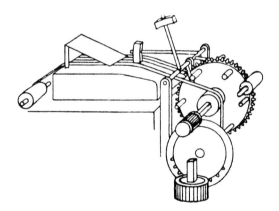

Konstruktion einer mechanischen Anlage zum Schlagen von Goldband nach Leonardo da Vinci

Doch auch mit solchen Apparaturen war es nicht möglich, das **Handschlagen** völlig zu ersetzen. Etwa seit 1960 werden wieder **Blattgoldschlagmaschinen** in verschiedenen Ländern gebaut und beim Dünnschlagen eingesetzt. Aber mit ihnen wird die erforderliche Dünne des Blattgoldes nicht immer erreicht bzw. sind die berechneten Gewichte nicht einzuhalten. Das liegt hauptsächlich daran, daß sich beim letzten Schlagprozeß die Qualität aller vorangegangenen Arbeitsgänge, wie Zurichten des Goldes, Bräunen (siehe S. 20) und Pressen der Goldschlägerformen, auswirkt. Ferner spielen die Umweltbedingungen wie z.B. die Luftfeuchtigkeit sowie nicht zuletzt die Routine und die Geschicklichkeit des Goldschlägers eine

Mittelalterliche Goldblattschläger um 1568

zentrale Rolle. Vielfach kombiniert man heute Hand- und Maschinenarbeit und erzielt damit befriedigende Ergebnisse.

Die Blattgoldschlägerei beginnt mit dem Schmelzen der gewünschten Legierung bei ca. 1200 Grad Celsius. Je nachdem, ob Silber (Ag), Kupfer (Cu) oder andere Bestandteile dem Gold zugesetzt werden, entsteht gelbes, bei stärkerem Zusatz von Kupfer rötliches Gold. Meistens werden nicht mehr als 7,5 Prozent der Gesamtmasse an Kupfer oder Silber zugesetzt. Zwischen den beiden Grundfarben liegen noch Orange, Lichtgelb, Zitrone, Grün und Hellgrün. So erhalten wir beispielsweise bei Zugabe von Nickel (Ni) und Palladium (Pd) weißes, durch Beimengen von Cadmium (Cd) grünlich schimmerndes Gold. Insgesamt werden etwa 20 Farben unterschieden: vom reinem Scheidegold (99% Au, 0,5% Ag, 0,5% Cu) bis Grüngold (62% Au, 38% Ag). Bemerkenswert ist, daß sich die Farbe der Legierung auch während der Bearbeitung verändert. So ist eine Goldlegierung aus gleichen Teilen Au und Ag weißgrün, durch Walzen und Schlagen nimmt sie eine tief gelbgrüne Farbe an.

Nachdem die Art der Legierung festgelegt worden ist, gießt man das Metall in kleine Barren- oder Blockformen, **Zaine** genannt, die dann unter mehrfachem

19

Zwischenglühen auf dem Amboß ausgeschmiedet werden. Diese Zwischenform, die **Plansche,** wird in einem kleinen Walzwerk auf 0,03 bis 0,02 mm Dicke gestreckt und danach in kleine, 3,5 bis 4 cm lange Quadrate geschnitten. Etwa 480 dieser flachen Stücke werden in die erste Schlagform, die **Quetsche,** eingelegt. Als Zwischenlage benutzte man früher altes Pergamentpapier, das sogenannte Montgolfierpapier. Doch dieses Material, aus dem in alten Zeiten die Urkunden bestanden, gibt es kaum noch auf dem Weltmarkt. Daher wird heute als Pergamentersatz präpariertes Pergamyn, ein dünnes, glasartiges und durchsichtiges Papier, eingesetzt. Das so entstandene **Paket** – die erste Schlagform – wird unter dem Federhammer ca. 15 Minuten geschlagen, bis die Abmessung der Goldfolie ungefähr 130 × 130 mm bis 140 × 140 mm beträgt. Die Dicke liegt jetzt bei 0,005 bis 0,006 mm. Diese, der ersten Schlagform entnommenen Goldfolien werden wiederum geviertelt und zu rund 1600 Stück in die zweite Schlagform, das **Lot,** eingelegt. Als Zwischenlage benutzt man jetzt besonders präpariertes Pergamyn. Die Goldblätter werden nun wieder unter dem Federhammer eine gute Stunde bearbeitet. Danach haben sie wiederum eine Abmessung von 130 × 130 mm, doch ihre Stärke beträgt inzwischen nur noch 0,001 mm. Diese Arbeitsgänge bezeichnet man insgesamt als das »Zurichten des Goldes«.

Ein so gewonnenes Goldblatt ist immer noch recht kräftig, und es bedarf der eigentlichen Feinbearbeitung, um seine Dicke um eine weitere Zehnerpotenz zu reduzieren.

Deshalb werden die der zweiten Schlagform entnommenen Goldblätter nochmals geviertelt und in einer Menge von ungefähr 1800 bis 1900 Stück dem **Goldschläger** »zugewogen«, d. h. in die Goldschlägerform eingelegt. Als Zwischenlage in dieser Goldschlägerform wird heute entsprechend präparierte Plastikfolie oder Goldschlägerhäutchen aus dem Überzug des Ochsenblinddarms eingesetzt. Die Häutchen versieht man vor dem Einlegen mit einem Gleitmittel (z. B. mit Seifenanteilen vermischte Kreide). Dieser Vorgang, den man als **Bräunen** bezeichnet, hat eine dreifache Wirkung: Das Bräunen reinigt die Häutchen, fördert das ›Wachsen‹ des Goldes beim Schlagen und verhindert ein Anhaften der Goldfolie an den Zwischenhäutchen. Die Goldschlägerform muß weiterhin erwärmt (gepreßt) werden, um dem Gold die Luftfeuchtigkeit zu entziehen, da sich sonst die stark hygroskopischen Folien am Trägermaterial festsaugen. Der Goldschläger legt nun mit einer Holzzange die Goldblättchen und Zwischenhäutchen abwechselnd in die Mitte der Form. Das eigentliche Goldschlagen beginnt, nachdem die gefüllte Form in die **Bände** eingezogen ist. Diese besteht aus kreuzweise über die Form gezogenen Kalbshäuten, die dieser einen festen Halt geben. Anschließend wird die Form auf einem plangeschliffenen Granitstein nacheinander mit verschieden schweren Hämmern von 6 bis 8 kg Gewicht bearbeitet. Der Handschlagprozeß beginnt mit dem **Anschlagen,** und setzt sich über das **Antreiben, Setzen** und **Ausschlagen** bis zum **Austreiben** fort. Zunächst wird ca. fünf Minuten lang mit etwa 300 Hammerschlägen ohne Pause geschlagen. Das elastische Paket wird dabei sowohl auf der Vorder- und Rückseite als auch in der Mitte und außen nach alter Regel bearbeitet. Dabei muß ebenso auf eine präzise Verteilung der Wärme wie auf die Schlagfolge geachtet werden, um eine gleichmäßige Ausdehnung der hauchdünnen Folien zu gewährleisten, um ihr Zerreißen bzw. Zerschlagen zu verhindern und um eine Beschädigung der empfindlichen Form zu vermeiden. Die Blättchen werden bis auf 100 × 100 mm ausgeschlagen. Jetzt haben sie die nahezu unvorstellbare ›Dicke‹ von einem Zehntausendstelmillimeter (0,0001 mm). Ein weiteres Dünnschlagen wäre nicht sinnvoll, denn die Grenze der Umformbarkeit ist hier nahezu erreicht. Ein nochmaliges Dünnschlagen würde zur örtlichen Zerstörung der Struktur und damit zu Rissen und Löchern in der Folie führen.

Die Goldblätter werden abschließend auf die gewünschten quadratischen Abmessungen, die anwendungsabhängig sind, geschnitten und in **Goldbüchel** zwischen präpariertes Seidenpapier zu je 25 Blatt mit einer Gesamtmasse von durchschnittlich 0,35 g gelegt. Auf keinen Fall dürfen die Folien mit der Hand angegriffen werden. Sie würden sofort haften und nach dem Abreiben nur winzige Krümel zurücklassen. Um einen Quadratmeter zu vergolden, werden etwa sieben solcher Goldbüchel mit einer Blattgoldgröße von 80 × 80 mm benötigt. Ein Beispiel für die Sparsamkeit der Vergoldung mit Blattgold: Für die Restaurierung und völlige Neuvergoldung des ›Goldenen Reiters‹, des Reiterstandbilds von August dem Starken, mit 40 Quadratmeter Oberfläche wurden nur 140 g Gold benötigt.

Viele historische Gebäude und Gegenstände bewahren durch Vergoldung ihren Glanz oder erstrahlen nach ihrer Restaurierung unter Verwendung von Blattgold wieder in alter Schönheit und sind dauerhaft vor Witterungseinflüssen geschützt. So können auch Neuvergoldungen dieses herrliche, unvergleichlich edle Material voll zur Geltung bringen, wenn die Arbeit fachgerecht ausgeführt worden ist.

4 Vergoldung und Fassung im Wandel der Kunststile

Dieses Kapitel versteht sich keinesfalls als wissenschaftliche Abhandlung, sondern es will den Leser einführen in einen ganz speziellen Bereich der Kunstgeschichte, in dem die Kunsthandfertigkeit des Fassens und Vergoldens in den verschiedenen Epochen eine maßgebliche Rolle gespielt hat. Dabei liegt uns ganz besonders daran, die uralte Tradition dieser kunsthandwerklichen Verfahren zu betonen, die sich im Laufe von Jahrtausenden trotz unterschiedlicher künstlerischer Intentionen in den einzelnen Epochen so gut wie gar nicht verändert haben.

Daß die Nutzung des Fassens und Vergoldens in den einzelnen Epochen unterschiedlichen Umfang besaß und daß es Zeiten gab, in denen diese liebenswerte Kunst sich zu besonderen Höhen aufschwang (wie z. B. in der Gotik sowie später im Barock und Rokoko), alles das möge der Leser diesem Kapitel entnehmen. Ganz speziell möchten wir betonen, daß wir mit Absicht kaum Jahreszahlen nennen, und zwar ganz einfach deshalb, weil gerade im Hinblick auf Kunststile zeitliche Eingrenzungen stets fließend waren. Auch auf räumliche Zuordnung verzichten wir bewußt, denn es würde viel zu weit führen und kann nicht Inhalt dieses praxisbezogenen Buches sein, auf jede einzelne Kulturlandschaft besonders einzugehen.

Wie jede radikale Vereinfachung setzt sich auch dieses Kapitel dem Vorwurf der Verallgemeinerung aus, den wir jedoch hinnehmen, ist es doch unser Bestreben, den Leser in die großen Abläufe der Stilepochen nur unter dem besonderen Aspekt des Faßmalens und Vergoldens einzuführen. Es ist in diesem Kontext nicht möglich, auf die übergreifenden Problemstellungen der Kunststile einzugehen, so interessant sie auch sein mögen.

Das klassische Altertum

Durch Ausgrabungen, die im 19. und 20. Jahrhundert vorgenommen wurden, wissen wir heute schon ziemlich viel – wenn auch nicht alles – über Leben, Kultur und Kunst der alten **Ägypter.** In allen Epochen und Dynastien der ägyptischen

Kultur stand die Plastik auf einem hohen Niveau. Sie gilt als die am frühesten auftretende Kunstgattung, deren Aufgabe stets darin bestanden hat, die Dreidimensionalität des körperlichen Volumens zum Ausdruck zu bringen. In einer Kultur, die über Jahrtausende hinweg dem Totenkult huldigte, mußte selbstverständlich auch die Plastik in dessen Einflußsphäre gelangen. Sinn und Zweck dieser Skulpturen bestand vorrangig darin, dem Verstorbenen weit über sein irdisches Dasein hinaus in der Plastik ein Heim zu geben. Die Strenge der Haltung gibt gleichsam den Bezug zum Ewigen, gleiches gilt für die Gesichtszüge, die oft von Schwermut, immer aber von tiefem Ernst geprägt sind. Eins der schönsten und berühmtesten Beispiele ist der Kopf der Nofretete, der aus Kalkstein gemeißelt wurde. Er trägt eine perfekte farbige Fassung (siehe Farbtafel 2). An anderen Kultgegenständen bewundern wir die Auflage von Goldblech oder – und das ist für uns besonders interessant – die Vergoldung durch Blattgold, das damals allerdings noch nicht sehr fein geschlagen war.

Wir wissen heute, daß sowohl die Technik der Poliment- als auch die der Ölvergoldung mindestens bis ins Neue Reich (18. Dynastie oder um 2000 v. Chr.) zurückdatiert, möglicherweise auch noch um 1000 Jahre früher anzusetzen ist. Diese Technik, die übrigens im Alten Ägypten perfekt angewandt wurde, war im wesentlichen die gleiche, wie wir sie heute noch einsetzen, so daß man mit Fug und Recht die Behauptung aufstellen kann, daß die Öl- wie auch die Polimentvergoldung zu den ältesten kunsthandwerklichen Verfahren überhaupt gehören.

Der Umstand, daß sich durch die Jahrtausende hindurch doch eine relativ große Zahl an vergoldeten Skulpturen aus der altägyptischen Kultur erhalten hat, liegt in dem trockenen Klima begründet. Erst in unseren Tagen ergab sich das Problem, die jahrtausendealte Vergoldung – dasselbe gilt auch für die farbige Fassung – gegen den Verfall durch Umweltverschmutzung konservieren zu müssen.

Auch aus der **phönikischen** und der **assyrischen Kultur** sowie aus **Mesopotamien** sind uns vergoldete und farbig gefaßte Skulpturen überliefert, ebenso wie es Stücke aus Elfenbein gab, die eine Goldauflage trugen. Gold war auch ein Teil der verschiedenen Einlegearbeiten, die diese Völker herstellten.

Die über drei Jahrtausende lebendig gebliebene kulturelle und künstlerische Kraft besonders der Ägypter beeinflußte nachfolgende Völker, vor allem die **Römer** und **Griechen,** die die Kunstgattung ›Skulptur‹ zur höchsten Blüte führten. In der Plastik der Griechen gab es im wesentlichen zwei Typen: den Kuros, den stehenden nackten Jüngling, und die Kore, die bekleidete weibliche Figur. Heute wissen wir, daß die meisten dieser Skulpturen, vor allem diejenigen aus Marmor, farbig gefaßt waren, zum Teil mit, zum Teil ohne Kreidegrund. Nicht nur die

Rundplastik, sondern auch die Reliefs an den Tempeln und diese selbst wurden in Farbe gestaltet.

Diese Erkenntnisse sind relativ neu. Noch im 19. Jahrhundert war man mehrheitlich der Meinung, die Griechen hätten ihren Marmorplastiken keinerlei Farbüberzug gegeben. Die heutigen verbesserten und verfeinerten Ausgrabungs- und Untersuchungstechniken haben das Gegenteil bewiesen.

Zeitweise waren in der griechischen Antike Statuen kolossalen Ausmaßes beliebt, die einen Holzkern und darauf befestigte Goldplatten aufwiesen. Manchmal verwendete man auch Elfenbein für die unbekleideten und Platten dünnen Goldblechs für die bekleideten Körperteile. Diese Technik war sehr kostspielig, weshalb man sie im wesentlichen für Kultstatuen einsetzte. Als Ersatz diente in vielen Fällen das billigere Akrolith, bei dem für die unbekleideten Teile Stein verwendet wurde, für die bekleideten Holz, das man mit Goldblech überzog. (Akrolith aus griechisch ›akros‹ = in eine Spitze auslaufend und ›lithos‹ = Stein). Überhaupt war die auch bei Kleinplastiken vorkommende Kombination Elfenbein – Gold bei den Hellenen sehr beliebt. So schuf z. B. Phidias ein 438 v. Chr. vollendetes Gold-Elfenbein -Standbild der Athena.

Bei den Griechen wie auch bei Römern finden sich glanzvergoldete Tanagrafigürchen sowie eingebrannte Terrakottastatuetten mit ornamentaler, oft vergoldeter Verzierung. Besondere Gefäße wurden nachträglich vergoldet.

Die berühmte, 1986 aus den Restaurierungswerkstätten entlassene Statue des Marc Aurel war total vergoldet. Bei einer weiteren berühmten Statue, der Artemis, fanden sich gleichfalls im Gesicht Spuren von Gold. Viele antike Marmorfiguren sind, wie schon erwähnt, farbig gefaßt, einschließlich des Inkarnats (Farbtafel 3). Die Haare waren oft glanzvergoldet. Auch die Technik der Feuervergoldung war in der Antike durchaus gebräuchlich.

Innerhalb der hellenistischen wie auch der römischen plastischen Kunst kam es mit der Zeit zu einer Verrohung und einem allmählichen Verlust des Körpergefühls, was dazu führte, daß nur noch wenige Vollplastiken geschaffen wurden.

Christlich-byzantinische Kunst

In dieser Kunstepoche, die mit dem 4. Jahrhundert n. Chr. einsetzt, stehen gemalte Figuren häufig vor einem raumlosen, feierlichen Goldgrund, der sie dem irdischen Leben zu entrücken scheint (Farbtafeln 4 und 5). Dieser erhabene Goldgrund erhält sich im Abendland bis zum ausgehenden Mittelalter in Miniaturen und Tafelbildern, auf den letztgenannten häufig in Verbindung mit eingepunzten oder reliefartig erhabenen Ornamentverzierungen. Diese Art der goldenen Hintergründe hat sich in der **Ikonenmalerei** und in der **Buchillustration** bis heute erhalten.

Romanik

Die hochmittelalterliche Kultur in Europa wurde in der Hauptsache von romanisch-germanischen Nationen getragen, weshalb man im 19. Jahrhundert dem Stil dieser Zeit den Namen ›romanische Kunst‹ gegeben hat. Sie war eine durch und durch sakrale Kunst mit dem einen Ziel, Gott zu dienen. Vorrangig wurde die Baukunst gepflegt, der sich alle anderen Kunstgattungen unterzuordnen hatten.

Es ist uns auch heute noch nicht möglich, über den genauen Zeitpunkt des ersten Auftretens farbig gefaßter Vollplastiken ein Urteil abzugeben. Als sicher aber gilt, daß es goldblechbeschlagene Holzfiguren in der ottonischen Zeit gegeben hat, die man als frühe mitteleuropäische Vorläufer der blattvergoldeten ansehen kann. Diese tauchen etwa zu Beginn des 13. Jahrhunderts auf, zugleich mit Plastiken aus Elfenbein und zeitweise zusammen mit Nachbildungen von Textilmustern. Soweit uns Fassungen an Skulpturen bis heute erhalten sind, fällt deren kräftige Farbigkeit auf, die wir in Fresken oder auch in der Miniaturmalerei derselben Zeit wiederfinden. Die Hauptfarben waren Rot, Blau, Grün und Weiß in ungemischten Tönen (Farbtafel 6).

Was allerdings die Formensprache romanischer Skulpturen anbelangt, so ist sie bis zum Beginn des 13. Jahrhunderts so abstrakt, daß sie sich in allen Werkstoffen annähernd gleich bleibt. Im Stein, in Bronze oder Holz finden wir die gleichen Formen, die gleiche Methode in der Lösung der Raumprobleme. Erst nach 1250 kommt es zu einer deutlicheren Unterscheidung innerhalb der angewandten Materialien. Betrachtet man romanische Skulpturen, die den Menschen zum Thema haben, so fällt auf, daß sie dekorativ, aber noch völlig unnaturalistisch gestaltet sind. Vielfach ist der Kopf plastischer entwickelt als der übrige Körper, dessen Proportionen nicht selten nur angedeutet sind. An dieser Art der Wiedergabe tritt erst im Verlauf des 13. Jahrhunderts eine zunächst langsam, dann aber weit verbreitet vonstatten gehende Wandlung ein. Typisch für die Zeit sind Madonnen (Farbtafel 7) und Kreuzigungsgruppen, die in Farbe gefaßt waren.

An romanischen Skulpturen finden sich wenig Vorkommen von Vergoldung, wohingegen die Goldschmiedekunst schon auf verhältnismäßig hohem Niveau stand. Für die Kunstfertigkeit der Bronzebearbeitung sprechen die Bronzetüren an verschiedenen romanischen Kirchen eine deutliche Sprache.

Gotik

Das Mittelalter war gekennzeichnet durch den Machtkampf zwischen Kaisertum und Papsttum sowie von dem Hochhalten höfischer Standestugenden wie Tapferkeit, Treue zum Lehnsherrn, Mut zum Edlen und zum Maßhalten. Alle Äußerungen ritterlichen Lebens waren von tiefer Symbolik erfüllt, die sich in der gotischen Plastik niederschlug. Als typisch für diese mag das in reichen S-förmigen Falten um den Körper gelegte Gewand gelten. Diese Gewandfigur war eine Schöpfung der Gotik und stellte für die nachfolgenden Jahrhunderte eine immer wiederkehrende Herausforderung an den Bildhauer dar. Vor allem in Deutschland kommt es zur Ausbildung einer Portalplastik, deren Meisterwerke tiefe Beseeltheit zeigen. Besonders in der Holzplastik mit ihren Möglichkeiten präzisester Faltenbildung wurden in der Gotik unerhörte Leistungen vollbracht, man denke nur an die mehrflügeligen Altäre, an deren Gestaltung Bildschnitzer, Faßmaler und Vergolder gleichermaßen beteiligt waren.

Die Zeit der Gotik brachte, was die Kunst der Faßmaler anbelangt, zweifelsohne einen frühen Höhepunkt, weshalb wir uns ausführlich mit dieser Stilepoche auseinandersetzen wollen, zumal sich in vieler Hinsicht in den nachfolgenden Zeiten nichts oder nicht mehr sehr viel geändert hat.

Unterziehen wir die gotischen Kunstwerke plastischer Natur, die auf uns gekommen sind, einer Untersuchung, so stellen wir fest, daß sie ebenso wie die der Romanik so gut wie ausschließlich dem kirchlichen Bereich entstammen und sich entweder in Form von ganzen (Flügel-) Altären oder doch in Teilen derselben manifestieren. Nur eine geringe Anzahl gotischer Skulpturen war ursprünglich als Einzelfiguren geplant und auch so ausgeführt. Was wir heute als Einzelstücke im Museum bewundern, sind also zumeist nur Teile eines ehemals weit größeren Gesamtkunstwerkes, das im Laufe der Jahrhunderte auseinandergerissen worden ist.

Schon zur Zeit der Gotik gab es zwei Arten von Holzbildwerken: diejenigen mit und die ohne farbige Fassung.

»Über die Frage, weshalb die Mehrzahl der gotischen Schnitzfiguren farbig bemalt wurden, sind in früheren Jahren zuweilen sehr verschiedenartige Meinungen geäußert worden. Heute wissen wir, daß im ausgehenden Mittelalter die farbige Ausstattung der Innenräume einem allgemein anerkannten Zeitideal entsprach. In einem in Farbe gehaltenen Innenraum mußte daher jegliche Einzelheit, an erster Stelle der Altarschrein, harmonisch eingestimmt werden. Und gerade in jenen Kirchen, deren warmgrau getönte Architekturteile ohne Freskenmalerei geblieben waren, wurde der in Farbe und Gold gefaßte Altar in Zusammenklang mit der feierlichen Farbengebung der Glasfenster zum eigentlichen Stimmungsträger des ganzen Raumes« (Hubert Wilm).

Gerade dieser Umstand verhalf den gefaßten Figuren voll zum Durchbruch. In ihnen wird in kühner Manier Gold und Silber neben eine fröhliche Farbigkeit gesetzt. Mit dieser Gegenüberstellung vermag der gotische Künstler eine Wirkung von unvergleichlicher Schönheit zu erzielen.

Heute wissen wir, daß der gotische Bildschnitzer sich schon bei Beginn seiner Arbeit entschied, ob das Werk mit einer Fassung bedeckt werden sollte oder nicht. Durch das mehrmalige Bearbeiten des Kreidegrundes werden die harten Konturen gebrochen, ihre Schärfe gemildert. Diese Tatsache hieß es, dort geschickt einzusetzen, wo ihre Wirkung geplant war. Dabei fiel – vom künstlerischen Standpunkt aus betrachtet – erschwerend ins Gewicht, daß eine farbig gefaßte Skulptur eine genau durchdachte Anordnung der angestrebten Farbflächen erfordert. Außer einer harmonischen Umrißlösung gewinnt hier die mit großer Sorgfalt ins Gleichgewicht gebrachte Verteilung aller Binnenformen ausschlaggebende Bedeutung. Gerade die spätgotischen Schnitzer wie auch die Faßmaler arbeiteten mit einer Virtuosität, wie sie später kaum wieder erreicht worden ist (Farbtafel 10).

Aus erhaltenen Rechnungen geht hervor, daß der Arbeit des Faßmalers eine fast größere Bedeutung und demgemäß ein höheres Entgelt zukam als dem Bildschnitzer. In vielen Fällen war es so, daß Schnitzer und Faßmaler in derselben Werkstatt arbeiteten, jedoch jeder für sich getrennt sein Werk verrichtete. Die Arbeitsgänge in einer Schnitzer- und Vergolderwerkstätte wurden durch strenge Zunftgesetze geregelt. Auf jede Kleinigkeit mußte genau Bedacht genommen werden. Der Meister mußte sich bei Abschluß des Vertrages verpflichten, diesen auf das genaueste einzuhalten, nicht nur was Anzahl, Größe und Aussehen der Einzelfiguren anbelangte, sondern er hatte darüber hinaus mit seinem Namen für die Dauerhaftigkeit seiner Arbeit gutzustehen und mußte sich verpflichten, alle etwa an der Fassung oder Vergoldung bei der Versendung des Werkes sich zeigenden Schäden kostenlos wieder auszubessern. Aus dieser Summe der Vorschriften und Verpflichtungen heraus erklärt sich die außerordentliche Sorgfalt, mit der die gotischen Bildwerke geschnitzt, bemalt und vergoldet wurden. Diese penible handwerkliche Ausführung verlieh ihnen die heute fast unbegreifliche Widerstandsfähigkeit gegen zerstörende Einflüsse.

Zur Zeit der Spätgotik, als die Bildschnitzerei ihre höchste Blüte erlebte, entwickelten dann verschiedene Hauptmeister dieser Kunst eine nahezu unfaßbare Kunstfertigkeit. Die abgeklärte, statuarische Ruhe der streng gewahrten Blockform weicht einer wilden Bewegtheit, die den Barockstil schon vorwegnimmt.

Speziell in dieser Phase gehen die beiden Kunstformen, Plastik und Malerei, eine enge Bindung ein, die besonders augenfällig wird, betrachtet man z. B. das vollendet ausgeführte Inkarnat gotischer Skulpturen.

Der **Malgrund** gotischer Faßmaler hatte die gleiche Beschaffenheit wie der Untergrund der gotischen Tafelgemälde. Er war eine Mischung aus weißem Pfeifenton oder fein geriebener Bologneser Kreide und echtem Hasenhautleim. Zum Schleifen dieses Kreidegrundes verwendete man entweder das Kraut des Schachtelhalmes, Fischhaut oder ein Stückchen rauhe Leinwand. Ansonsten hat sich bis heute seit dieser Zeit hinsichtlich der angewandten Materialien – wie übrigens auch des Werkzeuges – so gut wie nichts verändert, wenn man von der Stärke der Blattgold- bzw. der Silberfolien absieht. So dünne Goldblättchen, wie sie heute verwendet werden, kannte das Mittelalter allerdings nicht. Durch seine kräftige Beschaffenheit hatte das Blattgold damals eine hohe Widerstandsfähigkeit. Es wurde zur Zeit der Gotik wie auch heute aus reinstem Dukatengold mit dem Hammer von Hand geschlagen.

Der Vergolderbolus war in den meisten Fällen rot, selten weiß. Im allgemeinen bevorzugte man die Polimentvergoldung, weil diese den höchsten Glanz hervorbringt. Die gotischen Faßmaler richteten alle erdenkliche Sorgfalt darauf, den Glanz und die Feinheit der damals als Kostbarkeit weit verbreiteten Goldbrokatstoffe nachzuahmen.

Die reiche Verwendung von Gold kam zu Ende des 13. Jahrhunderts auf. Sie bedingte eine gewisse Sparsamkeit beim Einsatz der Farben, deren Palette ohnehin in ihrer Vielfalt sehr beschränkt war. Deutlich fällt auf, daß sich die gotischen Faßmaler gegenüber ihren Kollegen aus der Romanik in der Intensität der Farben zurückhielten. Ähnlich wie in der vorangegangenen Stilepoche dominieren Rot und Blau, die gelegentlich um ein warmes Grün am Sockel der Figuren, ein tiefes Braun, oft auch Rotbraun an den Schuhen, seltener ein ins Violette spielendes Rot (vielleicht Krapplack) an manchen Gewändern vermehrt wurden. Gelb und Ocker kommen so gut wie nie vor. Weiß wurde zur Wiedergabe leichter Stoffe und Tücher eingesetzt. Mäntel und Gewänder wurden fast immer in Rot oder Blau gehalten. Was das Rot anbelangt, so besaß es einen leuchtend hellen Ton, ähnlich wie das fast gleichfarbige Mennige, das jedoch nicht immer als Farbe, sondern auch als Schutzmittel gegen den Holzwurm vor dem Auftragen des Kreidegrundes gleichmäßig über die gesamte Fläche gestrichen wurde. Bei feurigroten oder auch rotbraunen Tönen, die heute durch abgenutzte Gold- oder Silberteile durchschimmern, handelt es sich nicht, wie Laien oft glauben, um darunterliegende Farbschichten, sondern um den **Bolus.**

28

Um noch kurz beim Blau zu verweilen: diese Farbe galt als ausgesprochen kostspielig. Ansonsten handelte es sich fast ausschließlich um Erdfarben, deren Brocken aufbereitet wurden. Das Farbpulver wurde mit Wasser auf dem Reibstein gerieben, und die so entstandene Farbpaste pflegte man in Schweinsblasen oder in Gläsern aufzubewahren. Vor dem Gebrauch wurden die mit Wasser versetzten Farben mit dem entsprechenden Bindemittel, der Gummi- oder Leimtempera, vermengt.

Das Auftragen der fein zubereiteten Farben konnte beginnen, sobald die Arbeit an den vergoldeten oder versilberten Teilen einer Skulptur beendet war. Als Untergrund für die Farben nutzte man den gleichen wie den für die Vergoldung. Die Stärke des Kreidegrundes wäre für die farbigen Teile in dem Ausmaß wie diejenige für die vergoldeten nicht vonnöten gewesen, weil die Bemalung ja nicht poliert wurde und daher eine elastische Unterlage nicht erforderte. Da jedoch das gleichmäßige Grundieren des ganzen Bildwerkes bedeutend einfacher war als ein stellenweise unterschiedlicher Auftrag der Grundierung, mag in der Regel der Kreidegrund unter den farbigen Teilen eines Bildwerkes genau so dick gewesen sein wie unter den vergoldeten. Zuweilen kann man in spätgotischer Zeit allerdings beobachten, daß die Grundierung der Fleischteile dünner ist als die der Vergoldung.

Die als Unterlage für die Vergoldung notwendige Abbindung oder Löschung des Kreidegrundes war gleichermaßen auch für die bemalten Teile förderlich. Die Farben kamen auf die Leimlösung zu stehen. In der Regel wurden sie nicht ein-, sondern zwei- oder mehrmals hintereinander, stets in verschiedenen Richtungen gestrichen, aufgetragen. Besondere Sorgfalt verwendete man auf die Bemalung der Fleischteile, des Inkarnats.

Die **Bemalung der Gesichter** an gotischen Bildwerken ist fast immer mit ebenso großer Sorgfalt ausgeführt wie auf den Tafelbildern der gleichen Zeit. Wie groß die Sorgfalt war, die man dem Mischen der Fleischfarbe gewidmet hat, geht nirgends so gut hervor wie aus dem entsprechenden Kapitel des Straßburger Manuskriptes. Dieses stellt das älteste in deutscher Sprache verfaßte Werk über die mittelalterliche Maltechnik nordischer Länder dar. Im Gegensatz dazu haben sich in Italien die Maler stark an das Buch des Cennini gehalten, das als die umfangreichste Rezeptursammlung aus dem Süden gilt. Das Straßburger Manuskript stammt aus dem Ende des 14. oder dem Beginn des 15. Jahrhunderts. Sein Original wurde 1870 beim Brand der Bibliothek von Straßburg vernichtet, während eine Abschrift in der Londoner National Gallery Bibliothek zum Glück erhalten blieb.

Boltz von Ruffach, dessen ›Illuminierbuch‹ 1549 in Basel erschien, hat sich stark an dieses Manuskript angelehnt. In seinem Buch ist den Fleischfarben ein eigenes

Kapitel gewidmet, das Anweisungen enthält zum Mischen von Fleischfarben für Kinder, Frauen, braune Leute, bleiche Leute und Totenfarbe. Drei dieser Rezepte, unter denen besonders das zweite mit der Anleitung, wie der Körper eines Kindes an Augen, Nase und Händen mit dunklerem Rot abgetönt werden soll, unser Interesse erregt, seien hier zitiert:

»Von lybfarben. Kindlinfarb sol also bereittet werden. Nim gebrannten oger zerryb ihn mit wenig plywyss und ein wenig Mynien, temperier es mit der fünfften temperatur, strych das kindlin damit an, das es recht syg weder zuvyl noch zu lützel. Schattiers mit lapide Ematiten der mit eim wenig Rösslin vermischt syg. Rosinirss mit Zenober und erhöchss mit plywyss, uff dieser nachfolgenden figuren anzeigung.

Kindlin farb. Nimm Zenober und Mynien, eins alss vyl alss das ander thu darunder ein klein wenig Pryss root. Das alles ryb wol an mit dem mehrere theyl plywyss. Temperier es weder zu rot noch zu bleich. Ist die temperatur zu rodt, so machs leichter mit dem plywyss. Schattier daruff mit Zenober, darin ein wenig bebranter Oger oder Mynien under syg gemischt, damit schattier das antlit und die Handt und das ganz kindlin. Rosinier ougen, nasen, hend und antlit mit brunrot, da ein wenig russ under vermischt syg. Den hof neben den sternen in ougen strych uss mit liecht spongrien darunder ein wenig endich vermischet ist.

Frouwen lybfarb. Des wyblichen bildts und anmassung sol gebrucht werden nach Gelegenheit der Johren und eigentschafft subtilicher oder grober complexion. Damit auch wyblicher und junckfröwlicher farb etwass dem wolstandt zugeben. Strych das corpus an wie kindlin farb ussgenommen, das du mer plywyss solt nemen, dann zu den kindlin. Setz es ab mit liechtem papyr schwartz.«

Während der Frühzeit und auch noch das ganze 14. Jahrhundert hindurch wurden viele Skulpturen mit der sogenannten ›Idealen Fassung‹ geschmückt: Gewänder und Haare waren vergoldet, die Fleischteile zeigten eine elfenbeinfarbene Blässe und wiesen nur an den Wangen und Lippen einen Hauch von Rot auf. Allerdings gibt es auch aus dieser Frühzeit schon Figuren, die eine naturalistische Bemalung besaßen, und diese setzte sich im Verlauf des 15. Jahrhunderts dann allgemein durch.

Die Fassung der Fleischteile wurde in Tempera, manchmal auch in Wachstempera ausgeführt. Die Eigenschaften der Temperafarbe, rasch zu trocknen und einen ungleichmäßigen Anstrich eintöniger Farbflächen leicht zu ermöglichen, waren zwar für die Bemalung der Gewandteile von großem Vorteil, bei der Bemalung der Gesichter erwiesen sie sich jedoch als außerordentlich störend. Feine Farbübergänge z. B. an den Wangen waren so gut wie unmöglich. Die Zuhilfenahme der

Harzölfarbe beseitigte diese Schwierigkeit. Es handelte sich in der Hauptsache darum, an den intensiv gefärbten Teilen eines Gesichtes, den Wangen und Lippen, nicht durch die stark deckende Temperafarbe, sondern durch transparente Farbtöne, wie sie die Harzölfarbe bot, eine kräftige Wirkung zu erzielen.

Zunächst wurde auf den abgebundenen Kreidegrund eine kräftig fleischfarbene Harzölfarbe (›Zwischenfirnis‹) aufgetragen. Diese satte Tönung des Grundes blieb auch unter dem nachfolgenden Tempera-Anstrich noch wirksam. Dieser erfolgte mit einer bewußten Steigerung ins Lichte, was eine gewisse Modellierung bewirkte. Lippen und Wangen färbte man entweder gleich bei diesem Anstrich naß-in-naß kräftig rot, oder man verstärkte sie durch eine dünne Tempera-Lasur. War dann die erste Tempera-Schicht matt aufgetrocknet, so konnte man mit dem Auftragen einer zweiten Lasur von Harzfarben, die stellenweise ins tiefste Rosa gesteigert wurde, die endgültige zart abgetönte Gesichtsfarbe erzielen. Dieses Verfahren konnte je nach Notwendigkeit nochmals wiederholt werden, und zwar in der Weise, daß über eine Schicht Temperafarbe eine weitere aus Harzfarbe zu liegen kam. Das Ergebnis war der heute noch mit Staunen bewunderte Schmelz gotischer Gesichtsfassungen, die wie Email wirken und die von der Schönheit ihrer Leuchtkraft in den Jahrhunderten ihres Bestehens nichts verloren haben. In gleicher Weise wie die Gesichter wurden die Hände und auch die Füße der Figuren, wenn sie unbekleidet waren, farbig gefaßt.

Hatte man alle diese diffizilen Arbeiten beendet, wurde der **Firnis** aufgetragen, der sowohl die farbige Fassung wie auch das Gold vor der zerstörerischen Wirkung der Feuchtigkeit schützte. Es ist uns heute so gut wie unmöglich, festzustellen, welche Arten von Firnis die gotischen Faßmaler verwendet haben mögen, es gilt aber als wahrscheinlich, daß sie sich derselben Materialien bedient haben, die auch in der Tafelmalerei zum Einsatz kamen. Daß alle Teile eines Bildwerkes einheitlich gefirnißt wurden, gilt allerdings als unwahrscheinlich, vor allem sind die Meinungen darüber geteilt, ob auch die glanzvergoldeten Teile gefirnißt waren oder nicht. Versilberte Stellen einer Figur mußten wegen der Gefahr des Oxydierens gleich nach dem Polieren mit Firniß überzogen werden.

Eine spezielle Art des Überzuges, die offenbar sehr gebräuchlich war, stellte die Anwendung von reinem, gebleichtem **Bienenwachs** dar. In Terpentin ist Wachs leicht löslich; stellt man die Mischung in ein warmes Wasserbad, so bildet sie nach dem Erkalten eine Art Salbe von cremiger Beschaffenheit. Solch einen dünnen Wachsauftrag ließ man trocknen und polierte ihn anschließend mit einem weichen Tuch, worauf die Farbe einen feinen, matten Glanz annahm, der um vieles schöner war als der durch Firniß erzielte, oft speckige Glanz. Wir dürfen heute annehmen, daß diese Methode von den gotischen Faßmalern gern und oft angewandt wurde, nicht nur auf den farbig gefaßten Teilen der Figuren, sondern auch auf den vergoldeten. Hat doch diese Methode den großen Vorteil, daß das so sehr gefürchtete Gelbwerden und Nachdunkeln beim Wachsauftrag ausbleibt.

Neben den Holzfiguren, die wir ausführlich geschildert haben, waren es noch die Tafelbilder, mit deren vergoldetem Hintergrund sich die gotischen Faßmaler besonders auseinanderzusetzen hatten. Diese Hintergründe wurden auf das Kostbarste ausgeschmückt, graviert und punziert (siehe Farbtafel 9). An den Flügelaltären war das Ornamentwerk so gut wie immer blattvergoldet.

Eine besondere Ausstaffierungsart, die **Lüsterfarbentechnik,** kam in Deutschland im letzten Viertel des 15. Jahrhunderts auf und erfreute sich in der Renaissance- und Barockzeit großer Beliebtheit. Speziell zu Beginn des 16. Jahrhunderts verwendete man diese Technik zur Ausstaffierung der Gewandteile an vielen Holzbildwerken. Hergestellt wurde die Lüsterfarbe dadurch, daß man Kopallack als Bindemittel nutzte und diesem Farbpigmente zusetzte. Für die rote Lasur verwendete man Krapplack, für die blaue Pariserblau, für die grüne Farbe grüne Erde. Die so gewonnene Lasurfarbe wurde auf die Versilberung gleichmäßig aufgetragen und ließ den glänzenden Silbergrund durchscheinen, womit eine sehr lebhafte, schillernde Farbwirkung erzielt wurde.

Das Auftauchen der Lüsterfarbentechnik war an sich nichts Überraschendes. Eine der Lüsterfarbentechnik verwandte Art der Bemalung von Zinnfolien wird schon im Lucca-Manuskript (8. oder 9. Jahrhundert) und in fast allen späteren Rezeptsammlungen beschrieben. Das Neue war nur, daß statt der in früheren Jahrhunderten verwendeten Zinnfolien nun Silberfolien in Anwendung kamen.

Die Lüstrierungen der Barockzeit weisen naturgemäß eine kräftigere Farbigkeit auf als die der vorangegangenen Epochen, die heute schon leicht verblaßt sind und obendrein eine gewisse Patina besitzen.

Eine Art der Lüstertechnik ist die Anwendung des sogenannten **Waschgoldes,** dessen Auftauchen in der Renaissance bezeugt ist. Es handelt sich um eine Versilberung mit einem Überzug von Goldfirnis. Ursprünglich aus Sparsamkeitsgründen eingesetzt, fand diese Technik später als Dekorationselement Verwendung.

Renaissance und Manierismus

Starke wirtschaftliche und politische Erschütterungen kennzeichnen das 13. und 14. Jahrhundert. Der forschende Geist läßt sich nicht mehr wie im Mittelalter

1 Keltischer Helm von Amfreville, mit Goldfolie überzogene Bronze und Emaileinlegearbeit, Latènezeit, 5.–1. Jahrhundert v. Chr. Musée des Antiquités Nationales de Saint-Germain en Laye. (Foto: Service photographique de la Réunion des Musées Nationaux, Paris)

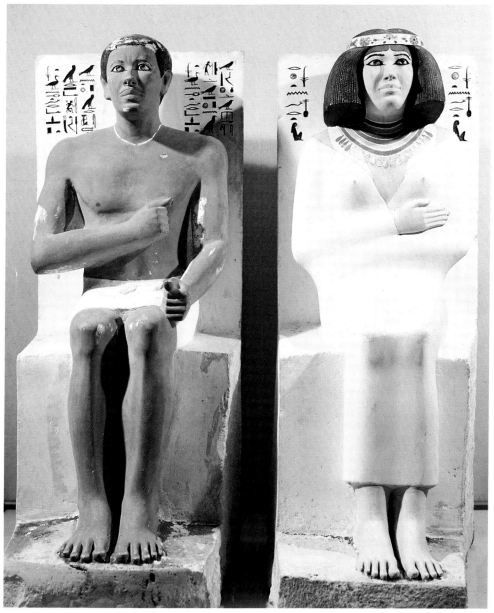

3 Rahotep und seine Gemahlin Nefret, um 2560 v. Chr. Farbig gefaßte, ägyptische Kalksteinskulptur, 120 cm hoch. Ägyptisches Museum, Kairo. (Foto: Photographie Giraudon, Paris)

◁ 2 Königin Nofretete, farbig gefaßte, ägyptische Kalksteinbüste der Werkstatt des Thutmosis aus Amarna, 50 cm hoch. Staatliche Museen Preußischer Kulturbesitz, Ägyptisches Museum, Berlin/West. (Foto: Bildarchiv Preußischer Kulturbesitz, Berlin)

4   Byzantinische Ikone mit Goldhintergrund: ›Anbetung der Könige‹ von Michael Damaskenos, 16. Jahrhundert. Ikonenmuseum Iraklion. (Foto: Klaus Gallas, München)

5   Vergoldete Ornamentverzierung in der romanischen Buchillustration: Initiale L aus dem Evangeliar ▷
     Ottos III., München, Bayerische Staatsbibliothek, lat. 4453, Cim. 58, fol. 26r

I B E R

◁ 6 Farbig gefaßte romanische Holzschnitzerei: Lesepult aus Alpirs-
bach mit den vier Evangelisten und
ihren Symbolen, die gleichzeitig
die vier Himmelsrichtungen ver-
körpern, um 1150. Stadtkirche,
Freudenstadt. (Foto: Karl Braun,
Freudenstadt)

7 Farbig gefaßte romanische Lin- ▷
denholz-Marienstatue aus Mosjö
(Närke/Schweden), 12. Jahrhundert. Staatliches Historisches Museum, Stockholm. (Foto: Sören
Hallgren)

8a, b Vergoldeter Tassilo-Leuchter aus ▷
dem Stift Kremsmünster, vor Mitte 10. Jahrhundert. (Foto: Elfriede
Mejchar, Wien)

9   Gotische Tafelmalerei mit Goldgrund: Verkündigung des Erzengels Gabriel an Maria. Teile eines Altär-
    chens, um 1300. Wallraf-Richartz-Museum, Köln

10 Vergoldete, gotische Holzschnitzerei: Dornstädter Altar, um 1420. Stuttgart, Württembergisches Landes- ▷
    museum, Stuttgart

11 Farbige Fassung und Vergoldung einer Puttengruppe aus der Benediktiner-Abteikirche Ottobeuren, um 1764–66. (Foto: C. L. Schmitt, München)

13　Spiegelsaal im Versailler Schloß. (Foto: Roger-Viollet, Paris)

◁　12　Hl. Petrus aus der altbayerischen Wallfahrtskirche Maria Thalheim. (Foto: Wolf-Christian von der Mülbe, Dachau)

14 Rokoko: Reiche Goldverzierung in der Wallfahrtskirche von Birnau am Bodensee. (Foto: Marco Schneiders, Lindau)

15 Weißpoliment-Verzierung: Altar der Martinskapelle in der Benediktiner-Abteikirche Ottobeuren, um
1764–66. (Foto: Hirmer Fotoarchiv, München)

16 Farbige Fassung und Vergoldung aus dem frühen Rokoko: Hl. Longinus von Johann Georg Üblhör, linker Seitenaltar der Pfarr- und Wallfahrtskirche Maria Steinbach im Allgäu, um 1760. (Foto: Hirmer Fotoarchiv, München)

17a, b Innenraum und De-
tailansicht aus der
Rokoko-Basilika zu
Wilten/Tirol

Fesseln anlegen. Die Zeit der ersten großen Reisen durch Marco Polo (schon vor 1300) und Columbus (um 1500) bricht an. Eine gesteigerte Lebensfreude löst die lange Zeit des Pessimismus ab, der nicht zuletzt durch das Wüten der Pest die Europäer ergriffen hatte.

Ein neues Bildungsideal, der uomo universale, wird kreiert. Die geistige Umwälzung führt zunächst in Italien, dann übergehend auf fast ganz Europa, eine Abkehr vom gotischen Stil und eine Hinwendung zu antiken Vorbildern, die gerade in Italien nie ganz an Bedeutung verloren haben, herbei. Für die Plastik um 1400 wird der Umstand bedeutsam, daß zahlreiche antike Figuren ausgegraben werden, deren Ebenmaß man nun nachzuahmen sucht. Wie in der Antike stellt man Statuen erstmals frei auf, d. h. man löst sie von der im Mittelalter üblichen Umklammerung durch die umgebende Architektur. Der Künstler geht aber nun noch einen Schritt weiter als die Antike und verherrlicht nicht nur das Prinzip des Schönen, sondern stellt den Menschen erstmals so dar, wie er wirklich ist. Die erste Phase eines realistischen Kunststiles wurde damit geboren, womit ein weiterer Umstand verbunden war: Die Bildhauerei im nichtkirchlichen Bereich erlebte einen unerhörten Aufschwung. Es entstanden Tausende von figürlichen Kleinbronzen, mit denen die reichen Adeligen ihre Paläste schmückten.

Man liebte es vielfach, den menschlichen Körper in kompliziertesten Bewegungen darzustellen und mit dieser oft schraubenförmigen Drehung den Stil des Realismus ad absurdum zu führen. Diese Gegenströmung nennt man den **Manierismus,** bei dem es dem Künstler nicht mehr nur um ein realistisches Abbild der Natur, sondern um ein formales Anliegen geht.

Die Kunst der Faßmalerei der Renaissance wiederholte die der Gotik und führte sie weiter, wobei allerdings die Inkarnate nicht mehr so überperfekt ausgeführt wurden wie zuvor. Auch Lüstrierungen wurden durchgeführt. Die Vergoldungen waren, dem Stil entsprechend, oft reich punziert. Altäre hielt man in Schwarz und Gold, wobei man sich in vielen Fällen des Waschgoldes bediente (Farbtafel 18 a und b). Oft waren sie auch marmoriert.

Barock

Die Kunstepoche (von ca. 1600 bis 1775), die den Manierismus ablöste und ins Rokoko hinüberführte, nennt man Barock. Es ist die Zeit der ersten Verweltlichung aller Lebensbereiche und damit auch der Kunst. Eine Loslösung vom Sakralen und ein Hinneigen zu verfeinerten weltlichen Genüssen ist kennzeichnend für diese Phase der Epochengeschichte. Die Freude an der Schaustellung bringt neue Inhalte sowohl für den Ablauf des Lebens als auch für dessen Ausschmückung.

Nicht wie in der Renaissance ist Wissen Trumpf, sondern höfische Umgangsformen werden dominant. Das Zeitalter der Galanterie ist angebrochen.

In der Plastik kündigt sich auch ein ganz neues Gefühl für Bewegung und Bewegtheit an. Die Statuen der Heiligen stehen nicht mehr auf ihren Altären, sondern scheinen von diesen hinweg dem Himmel zuzuschweben (Farbtafeln 14 und 15). Abgesehen vom sakralen Bereich, der immer weiter zurückgedrängt wird, manifestiert sich der Barockstil unter anderem in einer Fülle von Reiterstandbildern und Porträtbüsten hochgestellter Persönlichkeiten, mit denen man seine Vorliebe für das Individuelle unter Beweis stellt.

Renaissance und Barock sind neben dem späteren Rokoko diejenigen Kunststile, die das Handwerk des Faßmalers und Vergolders am stärksten in den Vordergrund gerückt haben. Beide Stile, die zwar gegensätzlich sind, aber dennoch von einer starken gemeinsamen Grundhaltung zusammengefaßt werden, zeichnen sich im Hinblick auf die Kunst des Vergoldens dadurch aus, daß sie diesem Handwerksstand neue Interessentenkreise öffnen. War es in Romanik und Gotik ausschließlich die Kirche, die als Auftraggeber fungierte, so treten im Zeitalter der Renaissance erstmalig die reichen Fürstenhöfe auf den Plan. Die Introvertiertheit der Gotik ist der Extrovertiertheit eines neuen Lebensgefühls gewichen, das sich in Prunk und Pomp manifestiert. Hält sich die Prachtentfaltung während der Renaissance, dieser Übergangsphase von der Gotik zu den späteren Stilen, noch in Grenzen, so fließt sie im Barock und im nachfolgenden Rokoko förmlich über.

Das Streben nach Effekt ist diesen Kunststilen eigen. Mannigfach wie nie zuvor ist die Anwendung des Blattgoldes, und was die Farbigkeit anbelangt, so wird im Barock alles greller und vielfarbiger gestimmt als zuvor in der Gotik. Beliebte Kunstgattung ist die Plastik, und hier wiederum die Darstellung des menschlichen Körpers, der in unerhörter Kühnheit der Bewegung dargestellt wird (Farbtafel 11, 12 und 16). Die Gliedmaßen barocker Skulpturen sind oft überlang und ekstatisch bewegt. Spannungsreiche Freude an optimaler Wirkung ist nicht zu übersehen, was im nachfolgenden Rokoko noch augenfälliger wird. In mancher Hinsicht bezog man sich freilich noch auf die antike Kunst, die man verehrte, ohne ihre Strenge und ihr Ebenmaß selbst anwenden zu wollen. Dieses Hinneigen zu antiken Vorbildern war in der Renaissance noch besonders stark, ebbte im Barock und Rokoko ab und wurde erst im Klassizismus, dieser starken Gegenströmung zu den sinnenfreudigen, opulenten Stilen, wieder ›modern‹.

Was allen diesen Kunstepochen gemeinsam war und was sich auch nicht mehr verloren hat, ist die überbetonte Ausstaffierung der höfischen Innenräume. Die Gotik in ihrer Kargheit kannte außer an der Holzfigur und den Dekorationen der

Flügelaltäre kaum eine Vergoldung, nun aber bricht eine Flut von Aufträgen über Stukkateure, Schnitzer, Faßmaler und Vergolder herein. Die Wände der noblen höfischen Räume wurden mit vergoldeten Ranken und allerlei phantasievollen Schnörkeln bedeckt (Farbtafel 13), und das Gold fand einen handwerklich vollendeten Einsatz in den reich geschnitzten **Möbeln.** Auf Gemälden und Kupferstichen des 17. Jahrhunderts kommt zum Ausdruck, wie schlicht die Möbelausstattung zu dieser Zeit noch war. Mittelpunkt der Wohnstuben war – was uns heute als merkwürdig erscheinen mag – das Bett, das einen unverhältnismäßig großen Raum einnahm und von allerlei Draperien umfangen wurde. Die für viele Gegenden charakteristischen monströsen Schränke hatten ihren Platz in den Dielen und Treppenhäusern. Neu für das 17. Jahrhundert war das Auftreten von Konsoltischen, das Wiederauftauchen der Kommoden, die die Truhen verdrängten. Nach und nach wurde das Mobiliar immer vielfältiger. Vor allem das Rokoko bescherte uns neue Möbeltypen wie den Schreib- und den Spieltisch, den Boudoirtisch, eine große Mannigfaltigkeit an diversen Konsoltischchen sowie Sekretär, Polsterbank, Kanapee, Vitrine, Kleider- und Bücherschrank. Dieses neue Mobiliar erhielt in den reichen adeligen Häusern Schmuck durch üppiges Schnitzwerk, das in der Regel blattvergoldet wurde. Man beschränkte sich aber nicht nur aufs Mobiliar, sondern steckte auch so manches Zubehör des täglichen Lebens in ein goldenes Kleid wie z. B. Leuchter und Luster, Gefäße, Uhren, Spiegel, Tafelaufsätze usw. Überhaupt herrschte eine große Freude am Dekorativen vor, die man häufig auch etwas zu weit trieb, so daß uns modernen Menschen des 20. Jahrhunderts dieser Stil manchmal als zu übertrieben, exzentrisch und zu schwülstig erscheint.

Hinsichtlich der Fassung der Skulpturen ist noch hinzuzufügen, daß man sie nun im wesentlichen in Öltechnik ausführte.

Rokoko

Im 18. Jahrhundert entstand aus dem Barock ein neuer Stil, das Rokoko. Beiden Stilen ist eigen, daß ihre Bezeichnungen ursprünglich durchaus negativ gemeint waren. Unter ›barock‹ verstand man einen ›bizarren‹, ›exzentrischen‹ und der Klassik entgegenwirkenden Stil. Der Ausdruck ›Rokoko‹ hingegen stammt wahrscheinlich von einem der für diese Epoche typischen Stilmittel, der ›Rocaille‹, womit Muschelornamente bezeichnet werden, die zum Dekorationsstil des späten 16. Jahrhunderts gehörten.

Kennzeichnend für das Rokoko ist das Lichte und Pastellhafte, das Beschwingte und Fröhliche, womit das Schwere, Schwülstige des Barock abgelöst wurde. In der Baukunst entstanden Gebäude voll des hinreißenden Schwunges, der sich nicht nur in der Fassadengestaltung äußerte. Man liebte es, den Innenräumen vor allem der Schlösser einen runden, ovalen oder vieleckigen Grundriß zu geben, die Wände licht zu bemalen und mit reichem blattvergoldeten Schmuckwerk zu verschönen (Farbtafel 25). Dieselben Elemente findet man auch in den weitläufigen Treppenhäusern, die nun, wie schon im vorangegangenen Barock, zumindest im höfischen Bereich endgültig die schmalen Stiegenaufgänge ablösten. Was sich hier an Pracht entfaltet, ist in nachfolgenden Treppenhausarchitekturen kaum mehr erreicht worden.

Wie kein anderer Stil ist das Rokoko sinnenfreudig und ganz auf den Menschen orientiert; schließlich war es die erste große Zeit der Geselligkeit.

Seinen Ausgang nahm das Rokoko von Frankreich, fand aber bald in fast ganz Europa Nachahmung. In vielen Gegenden gingen Barock und Rokoko ineinander über, wobei sich letzteres hauptsächlich als Dekorationsstil zeigte (Farbtafel 17).

Eine ganz besondere Ausstaffierungsart, die kennzeichnend für die Beschwingtheit des Rokoko ist, stellt die **Weißpolimenttechnik** dar. Sie kam ungefähr im 18. Jahrhundert auf und erfreute sich besonders in Süddeutschland und dem heutigen Österreich größter Beliebtheit, vor allem dort, wo es darum ging, die in dieser Technik geschaffenen Figuren und Gegenstände (Vasen usw.) in engen Zusammenhang zur umgebenden Architektur zu stellen (Farbtafel 15).

Was die Technik anbelangt, so bediente sich die Weißpolimentierung der gleichen Grundierung wie beim Vergolden, verwendete nur statt des roten oder gelben den weißen Bolus, der in mehreren Schichten sehr glatt aufgetragen und schließlich mit dem Achatstein poliert wurde. Dadurch erzielte man einen Hochglanz, der demjenigen von Porzellan sehr nahe kommt.

Mit diesen weiß gefaßten und oft durch Glanzgold bereicherten Figuren wird so recht die Vorliebe dieser Kunstepoche für den noblen Zusammenklang von Weiß und Gold dokumentiert. Leider hat man im Zuge von Renovierungen viele dieser Skulpturen mit weißer Farbe recht lieb- und kunstlos übertüncht. Wir wissen heute, daß viele Bildschnitzer ihre Werke von vornherein farbig konzipiert haben. Erhaltene aquarellierte Entwürfe, z. B. eines Ignaz Günther, zeigen das mit aller Deutlichkeit.

Auch die Lüsterfassungen – am Beginn des 18. Jahrhunderts an großen Figuren, in der Jahrhundertmitte fast nur noch an Kleinplastiken – wurden angewandt. Was das rein Technische der damaligen Faßarbeiten, nämlich die herangezogenen Bindemittel betrifft, so ist der Gebrauch von Kaseïnfarben verbürgt, die später vom Öl abgelöst wurden. Genaue Grenzziehungen gibt es jedoch nicht. Fließend sind auch die Übergänge von Malerei zu Plastik, z. B. an Deckengemälden der Rokoko-Zeit, wo eine Figur gemalt ist und einen Arm bzw. ein Bein scheinbar schwerelos plastisch in den Raum ragen läßt oder wo eine in Farbe wiedergegebene Draperie von einer bestimmten Stelle an sich in plastischer Form im Stuck fortsetzt. Allein die Kunstfertigkeit der Fassung, die nun ihre höchste Blüte erreichte, macht diesen nahtlosen Übergang vom Malerischen zum Plastischen möglich. So können diese Gebilde nicht als Einzelkunstwerke, sondern nur als Teil des Ganzen gesehen werden.

Dasselbe gilt übrigens auch für viele andere Imitationen, z. B. jene, die mit einer perfekten Fassung Marmor vortäuschen, eine Technik, die gleichfalls im Rokoko sehr beliebt war. Man ging dabei bis an die Grenzen des Möglichen und teilweise sogar weit darüber hinaus. Diese illusionistische Malerei fand auch Eingang in die **Theatermalerei,** in der sich Realität und Illusion die Hand reichen.

Im Rokoko sehr beliebt waren Skulpturen aus Holz, Stein, Blei usw., die aufgrund ihrer Vergoldung bzw. Versilberung den Anschein erweckten, als seien sie Metallgegenstände (das Nymphenburger Gartenparterre z. B. war mit derartigen Figuren ausstaffiert). Künstlerisch können diese Imitationen oft durchaus mit echten Goldschmiede- oder Silbertreibarbeiten konkurrieren. Auch Bronzefiguren weit größeren Ausmaßes wurden auf diese Weise imitiert.

Das damals erfundene vierfarbige Gold der Goldschmiede stieß auch bei den Faßmalern des Rokoko auf Begeisterung. Es wurde durch Zusetzen anderer Metalle während des Schmelzprozesses erzielt. Nicht selten wurden Gold und Silber ihrem Materialwert entsprechend gegeneinander ausgespielt. So zog man z. B. das Gold zur Bereicherung einer Silberfigur heran.

Klassizismus, Romantik und Empire

Die französische Revolution von 1789 leitete eine entscheidende neue Phase in der Menschheitsgeschichte ein. Privilegien der Kirche und des Adels wurden abgebaut, ein sich emanzipierendes Bürgertum strebte nach der Selbstherrschaft. Die allmächtigen Zünfte wurden in ihrer Strenge beschnitten, und die Ausübung eines Handwerkes war nicht mehr an die Zugehörigkeit zu einer bestimmten Zunft gebunden. In Deutschland blüht der unpolitische Idealismus der spezifisch deutschen Klassik auf, der ungefähr zeitgleich zur Romantik mit dieser eine fruchtbare Gegenbewegung einleitet. Das sogenannte ›Empire‹ in Frankreich wird zum künstlerischen Ausdruck der Macht Napoleons. Aus dem in seinen Anfängen bürgerlich gestimmten Klassizismus wird so unmerklich ein Stil des Hofes und damit später der Stil der Reaktion und Restauration.

Obwohl Klassizismus und Romantik denselben geistigen Bestrebungen entwachsen, sind ihre Unterschiede markant: Der Klassizismus entlehnt das Erbe der Antike und ist logisch überschaubar, während die Romantik sich in die Unendlichkeit und Schönheit vor allem der Natur verströmt. Die Romantik glaubt an das Gesamtkunstwerk und läßt z. B. ihre Musiker mit Tönen malen, während der Klassizismus der Auffassung huldigt, »Musik ist Musik und Malerei ist Malerei«.

Betrachtet man die Plastik unmittelbar nach der französischen Revolution, so fällt auf, daß es wohl eine klassizistische, kaum aber eine romantische Plastik gegeben hat. Dem romantischen Gefühl ist die Bildhauerkunst mit ihrer Klarheit und festen Begrenzung des Umrisses wesensfremd. Das klassizistische Gebot an den Künstler, sich völlig den antiken Regeln zu unterwerfen, führt mit der Zeit zu einem Versiegen der eigentlich schöpferischen Kräfte. So kann das 19. Jahrhundert als die Zeit des Kopierens nach antiken Vorbildern bezeichnet werden. Neben der Antike verehrte man auch die Renaissance, während man die opulenten Stile Barock und Rokoko völlig ablehnte, ja sogar bekämpfte. Glätte der Form und Klarheit der Umrisse wurden zu Hauptmerkmalen klassizistischer Kunst. Eine große Anzahl höfischer Möbel vor allem aus Frankreich, die man dem Empire-Stil zurechnet, zeigen diese Merkmale. Sie tragen fast ausschließlich die Farben Weiß und Gold (Farbtafel 22). Im übrigen sind uns zahlreiche Denkmäler aus klassizistischer Zeit erhalten, die sich durch eben diese Strenge auszeichnen und meist etwas starr wirken.

In der sakralen Kunst behielt man die Vergoldung der Holzplastiken bei, wobei man sich sowohl weißer als auch farbiger Inkarnate bediente. Der Farbreichtum wurde etwas zurückgenommen, vor allem die Töne des Rokoko, die pastell, licht und beschwingt waren, wichen nun wieder einer äußersten Dezenz. Allem, was den Anschein des ›Barock‹ an sich trug, wurde abgeschworen.

Zum Glück für die nachfolgenden Generationen konnte sich der Klassizismus nicht überall durchsetzen, und man betrieb ihn auch nicht so radikal, wie man z. B. dem Barock zum Durchbruch verholfen hatte. So sind z. B. die Kircheninnenräume rein klassizistischen Stils gering an Zahl gegenüber denen des Barock.

Möbel und Dekorationen neigen zur dezenten Zurückhaltung im Gegensatz zu den voraufgegangenen Schwellformen des Rokoko; sie zeichnen sich im Wesentlichen durch Symmetrie und Gradlinigkeit aus. Die Schmuckmotive – römische Akanthusranken, Palmetten, Lotosblüten, Masken, Putten, Medaillons, Urnen, Kandelaber – entstammen dem römischen Vokabular. Alle diese Motive finden sich übrigens auch in den Ausstattungen der Zuschauerräume in den vielen Theater- und Opernhäusern, bei denen oft der noble Zweiklang Rot – Gold, oft auch um ein Weiß vermehrt, vorherrscht (Farbtafel 23 und 24).

Biedermeier, Historismus, Jugendstil

Nach dem stark höfisch orientierten Stil, der sich nicht zuletzt in prunkvollen, stark vergoldeten Empire-Möbeln niederschlug, setzte die totale Umkehr ein. Das wohlhabend gewordene Bürgertum schuf seinen eigenen Stil, den man mit dem treffenden Ausdruck **Biedermeier** bezeichnet. Was vordem prunkvoll, pompös, überladen war, wurde nun einbezogen in ein Weltbild voller Schlichtheit, dem alles Überladene wesensfremd war. Es versteht sich von selbst, daß in dieser Zeit keine großen, aufwendigen Plastiken geschaffen wurden, sondern daß man die liebgewordene Technik, Stein, Stuck, Holz usw. mit Gold zu verzieren, mehr auf einfachen Gegenständen des täglichen Gebrauchs wie z. B. **Spiegel-** oder **Bilderrahmen** einsetzte. Mit der Zeit und unter dem Einfluß der zunehmenden Industrialisierung wurden diese zuvor handgeschnitzten Rahmen auch halbmaschinell, später gar maschinell erzeugt. Der Gebrauch von Goldpulvern und -bronzen sowie das gleichfalls mit dem Pinsel aufgetragene Muschelgold erfuhren eine weite Verbreitung.

Unter dem Einfluß der verschiedenen Abarten des **Historismus** wie z. B. der **Neuromanik** und **Neugotik** wurden die technischen Mittel verstärkt eingesetzt, so daß man, was das Gebiet der Vergoldung anbelangt, zu einer wahren Überperfektheit gelangte (Farbtafel 26). Altäre wurden üppig vergoldet, die Figuren mit reichhaltig aufgetragenen Goldmustern verziert, wobei man vielfach den Goldgrund farbig bemalte. Diese Ausstaffierungsart war auch bei der deutschen Malergruppe der **Nazarener** sehr beliebt, die ihr Themenrepertoire hauptsächlich dem sakralen Bereich entnahm.

Stellvertretend für den **Jugendstil** wollen wir Gustav Klimt nennen, dessen Figuren auf glänzendem Goldgrund allen Kunstliebhabern bekannt sein dürften. Seine Gemälde sind ein Beweis dafür, wie eng hohe und angewandte Kunst miteinander korrespondieren können (Farbtafel 28). Was die angewandte Kunst anbelangt, so wollen wir nur der Tatsache Erwähnung tun, daß auch in dieser Stilepoche die Ornamentik ganzer Häuserfassaden (Farbtafel 27) oder deren Aufbauten in Gold gehalten wurden wie z. B. das Wiener Sezessionsgebäude. Auch in Innenräumen prunkte man mit reicher Goldzier.

Die nachfolgenden Stile des 20. Jahrhunderts mit ihrer Beschränkung auf das Wesentliche und den geistigen Gehalt verzichten weitgehend auf die reiche Anwendung von Gold, ebenso wie sich die Bildhauer kaum mehr der herkömmlichen Fassung bedienen, außer zu restauratorischen Zwecken.

Vergolden

5   Der Arbeitsraum

Wie bei jeder anderen künstlerischen oder handwerklichen Tätigkeit ist es auch beim Vergolden und Fassen von nicht geringer Bedeutung, daß man sich vor Arbeitsbeginn den entsprechenden Werkraum herrichtet. Eine sehr günstige Voraussetzung haben natürlich diejenigen, die über einen eigenen Raum verfügen, in dem sie die begonnene Arbeit liegen lassen können, ohne daß sie von unbefugten Händen mutwillig berührt wird. Gerade beim Vergolden ist das von Wichtigkeit, denn ist ein Werkteil erst einmal mit dem Bolus bedeckt worden, so reagiert dieser überaus empfindlich z. B. auf fettige Fingerspuren.

In einer etwas schwierigeren Position befinden sich da schon diejenigen, die nur einen Tisch ihr eigen nennen, der ihnen den eigentlichen Arbeitsraum ersetzen muß. Hier ist naturgemäß die Gefahr einer Beschädigung durch putzwütige Hausfrauen, spielfreudige Haustiere und übermütige Kinder doppelt groß. Deshalb empfiehlt es sich, neben den Arbeitstisch eine Art Stellage zu plazieren, die hoch genug ist, daß man hier die begonnenen Werkstücke in Sicherheit bringen kann.

Auf jeden Fall und wie auch immer: wir wollen dringend empfehlen, den Arbeitsraum oder -tisch so perfekt wie nur möglich herzurichten, ehe man mit dem Werken beginnt. Nichts ist nämlich lästiger, als sich dauernd selbst unterbrechen zu müssen, weil gewisse Veränderungen der nächsten Umgebung vorgenommen werden müssen. Dasselbe gilt übrigens auch für das Bereitlegen des Werkzeuges, das wir im entsprechenden Kapitel ausführlich beschreiben werden.

Gehen wir von der Voraussetzung aus, Sie wären glücklicher Besitzer einer kleinen Werkstatt, die ruhig auch im Kellergeschoß liegen kann, was sogar einem allzu sonnigen, nach Süden ausgerichteten Raum vorzuziehen ist. Am idealsten ist es, wenn der Raum mit seiner Fensterfront nach Norden weist, weil sich dort die Lichtverhältnisse am wenigstens verändern. Gutes, möglichst blendungsfreies Licht ist Voraussetzung für eine gedeihliche Arbeit, wobei noch anzumerken wäre, daß die sonst so oft geschmähten Neonröhren in unserem Fall empfehlenswerter sind als die üblichen elektrischen Glühbirnen, weil ihr Licht nicht so tiefe Schatten wirft.

Aber bleiben wir noch beim Raum an sich. Wenn Sie sich schon auf den Vorgang des Vergoldens eingestellt haben, werden Sie sich darüber im klaren sein, daß Ihre Arbeitsstätte nicht gerade ein schäbiger, zugiger Schuppen sein darf. ›Schäbig‹ deshalb nicht, weil wir ja doch sehr sauber und penibel arbeiten müssen, und ›zugig‹ darf der Raum besonders während der Arbeit des Goldanschießens nicht sein, weil sonst die unendlich feinen Goldblättchen in alle Winde verwehen würden. Es empfiehlt sich also ein geschlossener Raum, der zudem noch staubfrei sein muß. Auch hinsichtlich der Raumtemperatur gilt eine gewisse Regel: Zimmertemperatur, auf keinen Fall aber zu kalt, weil sonst z. B. die Kreidegrundaufträge nur schwer trocknen. Also: lieber zu warm als zu kalt, auf jeden Fall aber so, daß Sie die Temperatur als angenehm empfinden.

Gleichfalls als ›angenehm empfinden‹ werden Sie es, wenn sich in Ihrem Arbeitsraum oder doch wenigstens in seiner Nähe ein Wasseranschluß befindet. Sie werden im Verlauf unserer Ausführungen hören, daß wir fast ständig Wasser benötigen.

Auf ein weiteres sollten Sie auch noch achten: auf einen elektrischen Anschluß in der Nähe Ihres Arbeitstisches oder auf eine entsprechende Verlängerungsschnur bis zur nächsten Steckdose. Sie benötigen sie für den elektrischen Kocher.

Sehr wichtig, besonders bei der Ausführung von größeren Arbeiten, ist eine entsprechende Ablagefläche neben dem eigentlichen Arbeitstisch, der in den meisten Fällen mit Werkstück, Werkzeugen, Kocher usw. bedeckt ist.

Was nun den Arbeitstisch anbelangt, so ist es von großem Vorteil, wenn er in der Höhe verstellbar ist, denn wir arbeiten an ihm nicht nur sitzend, sondern – besonders bei größeren Stücken – auch im Stehen. Sie können natürlich auch anders verfahren und bedienen sich eines verstellbaren Stuhles. Auf jeden Fall sollten Sie eine Haltung einnehmen können, die Sie locker und unverkrampft sein läßt.

Der Arbeitstisch sollte möglichst stabil sein und nicht etwa wackeln. Seine Platte kann aus Holz oder aus Kunststoff bestehen. Resopal hat z. B. den Vorteil, daß es sich im Gegensatz zu Holz leichter sauber halten läßt. Und auf Sauberkeit sollte bei fast allen Arbeitsgängen größtes Augenmerk gelegt werden.

6 Das Werkzeug

Schon Goethe hat gewußt, wie wichtig das Werkzeug für einen handwerklich oder künstlerisch Schaffenden ist, als er sagte: »Ein Mann, der recht zu wirken denkt, muß auf das beste Werkzeug achten.«

Wer einmal mit einem schlechten oder ungeeigneten Werkzeug versucht hat, etwas Optimales zustande zu bringen, wird dies bestätigen. Deshalb unsere Bitte an Sie: Achten Sie gerade bei einer so diffizilen Arbeit wie dem Vergolden peinlichst genau auf Auswahl und Pflege des Werkzeuges!

Was die Auswahl betrifft, so dürfen wir Sie bitten, sich an ein gutes Geschäft für Künstlerbedarf zu wenden, das Ihnen sicher behilflich sein wird. In großen Städten hält der Farbhandel Vergolderzubehör bereit, und dort, wo darin weniger Umsatz besteht, wird man Ihnen die Anschrift einer Spezialfirma geben, bei der Sie nach Katalog bestellen können. In diesen Katalogen finden sich nicht nur die Werkzeuge mit Preisangaben, sondern auch alle benötigten Materialien, wie z. B. Blattgold in verschiedenen Ausführungen, Bolus, Schellack usw.

Da wir aber erfahrungsgemäß wissen, daß sich der Laie kaum etwas unter den einzelnen Katalogangaben vorstellen kann, widmen wir dem Thema Werkzeug ein eigenes Kapitel, in dem die einzelnen Gegenstände nicht nur aufgeführt, sondern in ihrem Aussehen beschrieben und ihr Einsatz am Werkstück geschildert wird. Und weil der Qualität der Pinsel beim Vergolden eine ganz besondere Bedeutung zukommt, führen wir sie im Anschluß an die Werkzeugbeschreibung gesondert an.

Der **Mörser** wird nur benutzt, wenn man gezwungen ist, den Bolus selbst zu reiben, was in früheren Zeiten unumgänglich war. Heute bekommt man den Bolus in bereits geriebenem Zustand, wodurch sich die Anschaffung des Mörsers erübrigt. Der Mörser des Vergolders hat nicht das Geringste mit jenen Glockengußgefäßen der Apotheker zu tun, die man gemeinhin als ›Mörser‹ bezeichnet. Der Mörser in unsrem Sinn ist ein Gegenstand aus massivem Marmor, der z. B.

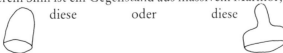 diese   oder   diese

Form haben kann. Die Reibfläche muß, da sie der Zubereitung des Bolus dient, ganz plan und glatt sein.

Eine **Marmorplatte** benötigt man ebenfalls nur dann, wenn man den Bolus selbst anreiben will oder muß. Sie sollte in der Größe so sein, daß man die kreisende Bewegung gut durchführen kann, also ca. 60 × 60 cm. Man erhält sie beim Steinmetz. Auch ein Stück von einer altmodischen Waschtischauflage oder die Deckplatte eines Nachtkästchens kann sich für unsere Zwecke eignen.

Ein **kleiner Spachtel** bzw. ein **Modellier-** oder **Kitteisen,** das wir dem Werkzeugrepertoire des Stukkateurs entnehmen, wird in den Abbildungen 1 und 2 gezeigt.

Mehrere Griffspachtel in verschiedenen Breiten (2, 5, 7, 10 vordere Breite) sind vonnöten. Sie sind mit Holzgriffen versehen und liegen gut in der Hand.

Die **Gravierhaken** bzw. **Graviereisen** verfügen gleichfalls über einen Holzgriff und dienen dem Wegschaben und Gravieren des Kreidegrundes (Abb. 3). Je nachdem, wie die vordere Fläche geformt ist, unterscheidet man spitze, halbrunde und flache, was nichts zu tun hat mit der Krümmung des Eisens an sich. Ein geübter Vergolder benötigt ungefähr 5 bis 6 solcher Repariereisen, wobei wir Ihnen raten

1   Rechts der Mörser zum Polimentreiben, links drei verschiedene Kitteisen

60

2   Verschiedene Griffspachtel und eine Holzraspel

würden, jeweils vom spitzen, halbrunden und flachen Eisen verschiedene Breiten
anzuschaffen. Die Breiten der Eisen schwanken zwischen 4 und 12 mm.

Eine **Holzraspel** dient dem Entfernen grober Verunreinigungen, vor allem auf
der Rückseite des Werkstückes.

Die Vorläufer des heute gebrauchten **Poliersteines** waren in früherer Zeit die
sogenannten ›Blutsteine‹ oder auch Eberzähne, die praktisch denselben Zweck
erfüllt haben. Durch ihre spitze Form waren auch sie zum Polieren schwer zugäng-
licher Stellen geeignet. Von den heutigen Poliersteinen aus Achat, die man zum
Polieren des angeschossenen Goldes verwendet, gibt es eine solch große Auswahl,
daß wir sie Ihnen in zwei Zeichnungen (Abb. 4 und 5) vorstellen wollen, damit Sie
selbst die Wahl treffen können. Die am meisten in Gebrauch stehenden Achatsteine
sind dic kleineren, leicht gebogenen. Jene anderen, die wie ein Bleistift spitz zulaufen, finden hingegen kaum je Anwendung. Was auf der Zeichnung nicht zu sehen
ist, der Achat ist mittels Metallfassung am Holzgriff befestigt (Abb. 6). Die Achatsteine sind ihres Materials wegen nicht ganz billig; man wird deshalb versuchen,

3   Diverse Gravierhaken

4–5   Verschiedene Poliersteine

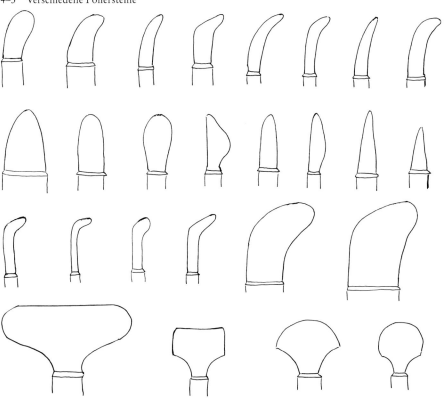

mit nur wenigen auszukommen und trotzdem alle Möglichkeiten der Bearbeitung zu haben, egal, ob es sich um flache oder tief unterschnittene Teile handelt.

Beim Hantieren mit diesen Steinen empfiehlt es sich, sorgfältig darauf zu achten, daß sie nicht zu Boden fallen – besonders auf Steinboden und Fliesen bricht ein solcher Stein leicht ab oder bekommt eine Kerbe. Auch auf die Sauber- und Fettfreihaltung muß große Sorgfalt gelegt werden. Um all das zu gewährleisten, legt man ihn am besten auf ein weiches Tuch. Viele Berufsvergolder stellen sich eine Art Tasche aus einem weichen Stoff her, bei welcher in jedem der abgesteppten Fächer ein Polierstein steckt. Man kann diese Tasche zusammenrollen und auf diese Weise bequem aufbewahren.

Das **Vergolderkissen** kann man entweder fertig kaufen – dann hat es die ungefähren Maße von 14 × 23 cm oder 16 × 26 cm –, oder aber man stellt es sich selbst her. Im letzteren Fall benötigt man dazu ein Holzbrettchen in ungefähr den oben angegebenen Maßen, ein entsprechend großes Stück rauhes Leder, einige Tapeziererernägel mit großem, flachem Kopf und ein wenig Füllmaterial, mit dem das Brettchen zunächst leicht bombiert (gepolstert und in der Mitte erhöht) wird. Dann legt man den zugeschnittenen Lederfleck darauf und schlägt an der Schmal- oder Rück-

6   Polierstein (Achatstein), Anschießer (Eichhörnchenschweif) mit Klemme und Netzer, Vergolder-
     messer und Vergolderkissen

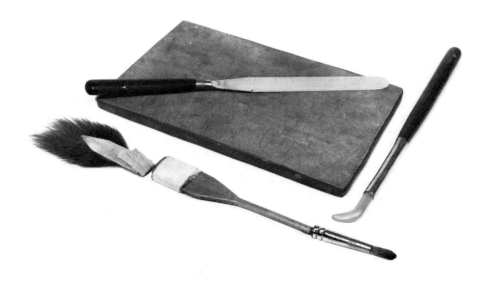

seite die Nägel ein. An der Unterseite kann man schräg eine Schlaufe anbringen, um das Vergolderkissen jederzeit gut halten zu können. Manche Vergolder stellen um den oberen Rand des Kissens einen kleinen, zusammenklappbaren Windschutz aus Karton auf. So wie alle anderen Utensilien des Vergolders muß auch das Kissen sauber und vor allem fettfrei gehalten werden.

Das gilt auch für das **Vergoldermesser,** dessen Schneide im übrigen keinerlei Scharte aufweisen darf, weil man sonst beim Herausnehmen der Goldblättchen sowie beim Schneiden derselben große Schwierigkeiten hat. Das Vergoldermesser ist zweischneidig, aber stumpf geschliffen, da ein scharfer Schliff das Vergolderkissen zerschneiden würde. Dieses Spezialmesser hat eine vorn abgerundete Klinge.

Die sogenannte **Klemme** ist ein sehr nützliches Hilfsmittel, das man nicht zu kaufen bekommt und sich daher am besten selber herstellt. Abbildung 6 zeigt Ihnen am besten, worauf es bei diesem kleinen, handlichen Holzgegenstand ankommt. In das eine Ende ist der Anschießer eingeklemmt, ins andere der Netzpinsel oder der Einkehrpinsel aufgesteckt. Die bestechend einfache Handlichkeit dieses Gerätes besteht darin, daß man zwei Werkzeuge an einem Griff befestigt hat. Man kann natürlich auch Anschießer und Netzer in getrennter Ausführung neben sich liegen haben, wodurch man sich die Herstellung der Klemme erspart, aber das bringt einen größeren Arbeitsaufwand mit sich (Abb. 7).

7   Klemme mit Netzer und verschiedene Anschießer

8 Vergoldersiebe

Das **Sieb** des Vergolders ist ein Gehäuse mit einem extrem feinmaschigen Kupfergitter. Die landläufigen Siebe, wie man sie in der Küche verwendet, sind zu weitmaschig. In runder Ausführung bekommt man solche Kupfersiebe meist in einem Durchmesser von ca. 20 oder 23 cm. Man kann sich aber auch sehr leicht ein solches Sieb selbst anfertigen, und zwar aus einem ca. 10 cm hohen rechteckigen Holzkasten der ungefähren Maße 20 × 30 cm, unter dessen obere Abdeckleiste man die Ränder des Siebes schiebt und dort befestigt (Abb. 8).

Über den elektrischen **Kocher** ist wohl nichts zu sagen. **Emailgefäße** benötigen wir in verschiedenen Größen. Unser Vorschlag wäre: ein Gefäß mit Maßtabelle, weitere 3 bis 4 Stück zu ¼ l, ca. 2 Stück zu ½ l. Ein Topf wird benötigt für das Wasserbad und sollte so bemessen sein, daß der größte Emailtopf im Durchmesser gut darin Platz hat. **Verschließbare Gläser** (alte Marmeladengläser mit einem Mindestfassungsgehalt von ¼ l) sollte man gleichfalls in einigen Größen griffbereit haben.

Schraubzwingen sind bei vielen Arbeiten nicht erforderlich, bei manchen anderen aber unerläßlich, so z. B. beim Polieren. Man befestigt damit das Werkstück am Tisch und hat so die Hände zum Arbeiten frei. Die **Schleifpapiere** stehen in der Mitte zwischen Werkzeug und Material, weshalb wir sie hier zuletzt aufführen. Wir benötigen mehrere verschiedene Körnungen, so z. B. 60, 100 und 150 sowie Naßschleifpapiere.

Die Pinsel

Diese, für den Vergolder sehr wichtigen Gerätschaften bestehen im allgemeinen aus Haaren oder Borsten, dem Stiel und der Befestigung. Der Hauptbestandteil sind die Haare bzw. Borsten. Sie sind es, die die Farbe aufnehmen und auf der zu behandelnden Fläche verteilen. Die Pinselhaare sind an einem Holz- oder Plastikstiel bzw. Kiel mittels eines Ringes, einer Zwinge oder ähnlicher Vorrichtungen befestigt.

Die Pinsel teilt man ein nach dem **Haarmaterial,** aus dem sie bestehen, in:

Borstenpinsel (Schweins-, Rinds- oder Pferdehaare, Abb. 9)

9   Verschiedene Borstenpinsel

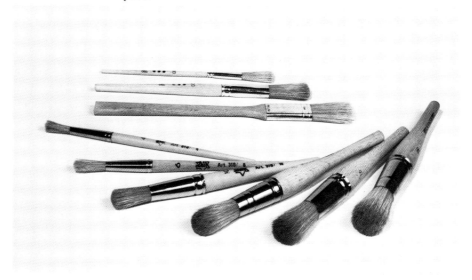

66

10   Diverse Haarpinsel aus Rinds- oder Fehhaar

Haarpinsel (Marder-, Rinds-, Feh- oder Iltishaarpinsel u. a. Abb. 10)
Synthetische Borstenpinsel (Nylon, Perlon)

oder nach der **Befestigungsart** in:
Ringpinsel
Zwingenpinsel
Kielpinsel

oder nach der **Verwendung** in:
Malpinsel
Streichpinsel

oder nach der **Form** in:
Flachpinsel
Rundpinsel,
wobei wir natürlich nur die Arten wiedergegeben haben, die für den Vergolder von
Wichtigkeit sind.

Bei allen Pinseln ist die Elastizität von großer Bedeutung. Die Haare bzw. Borsten
müssen eine gewisse Steife haben, um der drückenden Bewegung beim Malen und

Streichen Widerstand entgegenzusetzen. Nach Beendigung des Druckes müssen sie aber auch in die ursprüngliche Lage zurückkehren. Ist das Farbmaterial dickflüssig, müssen die Haare bzw. Borsten steifer sein als bei dünnflüssigem Farbmaterial. Borsten und Haare sind von unterschiedlicher Steifheit. Bei beiden ist jedoch eines gleichermaßen notwendig: Sie müssen einen natürlichen ›Schluß‹ haben, d. h. sie müssen an ihrem Haarende spitz zulaufen und dürfen nicht auseinandergehen. Das Haarmaterial sollte so beschaffen sein, daß es die Farbe auch tatsächlich hält. Dieses ist eines der wichtigsten Kriterien eines qualitätvollen Pinsels. Synthetische Borsten halten die Farbe weit weniger gut als die natürlichen. Bei ihnen werden die allzu glatten Fasern vom Hersteller aufgerauht und gewellt. Zur Verbesserung des Farbverlaufes werden diese Borsten angespitzt.

Von der Kategorie der Borsten sind diejenigen des Schweines am idealsten, wobei die besten Sorten aus China und Rußland stammen.

Die **Verwendung:** Im allgemeinen ist es so, daß sich Haarpinsel für feinere Arbeiten mit dünnflüssigem Farbmaterial und Borstenpinsel für dickflüssige Materialien am besten eignen. Von den Malpinseln sind vor allem die folgenden zu nennen: Marderpinsel sind die teuersten und qualitativ höchststehenden Malpinsel, die dort eingesetzt werden, wo es auf feinste Strichführung ankommt. Rindshaar- und Fehpinsel sind eine billigere Ausführung und haben ein weites Einsatzfeld. Von den Borstenpinseln werden beim Vergolden verschiedene Stärken zum Auftragen des Kreidegrundes verwendet.

Hinsichtlich der **Aufbewahrung** und **Reinigung** ist folgendes zu beachten: Die Pinsel, die man ständig in Verwendung hat, legt man nach der Reinigung nebeneinander aus, damit sie gut trocknen können. Anders ist es mit Pinseln, die man nur selten in Gebrauch hat. Diese bewahrt man am besten in einer Schachtel auf und achtet darauf, daß sie nicht von Motten befallen werden (Mottenmittel zusetzen!). Es empfiehlt sich, Pinsel mit Holzstielen nicht zu warm aufzubewahren, da das Holz schrumpfen kann, wodurch sich der Stiel löst. Sollte das doch einmal der Fall sein, kann man sich so behelfen, daß man den Stiel ins Wasser stellt, wodurch das Holz wieder aufquillt. Was aber unter allen Umständen beachtet werden muß: niemals sollen Pinsel – weder in nassem noch in trockenem Zustand – auf die Spitze gestellt werden. Die feinen Haare verbiegen sich und sind nur durch einen Trick wieder gleichzurichten: Man leimt sie schwach und bringt sie sofort in Form. Nach einigen Tagen kann man sie aufweichen und wieder verwenden. Sehr wichtig ist es, die Haar- und Borstenpinsel nach jedem Gebrauch sorgfältig auszuwaschen, da die Haare durch das Verklebtwerden mit Farbe abbrechen; das ist besonders bei den feinen Reinmarderpinseln zu beobachten. Farben, die mit wäßrigen Bindemitteln gebunden sind, reinigt man mit Wasser (wenn möglich lauwarm) und Seife (Schmierseife und ähnliches). Ölhaltige Farben reinigt man zuerst mit Terpentin, Spirituslacke (z. B. Schellack) mit Spiritus, Nitrolacke mit Nitroverdünnung. Anschließend verwendet man Wasser und Seife.

Die Pinsel des Vergolders

Um unsere Leser nicht unnötig zu verwirren, zählen wir die Pinsel in chronologischer Reihenfolge auf, das heißt so, wie sie zur Anwendung gelangen.

Weiße Borstenpinsel (Anleger), rund oder flach, werden zum Anlegen der Kreidegründe verwendet. Je nach Größe des Werkstückes werden verschiedene verwendet, also z. B. die Stärken 4, 6, 8 und 10.

Feine Haarpinsel aus Rinds- oder **Fehhaar** werden gleichfalls in unterschiedlichen Stärken benutzt, vor allem zum Ausgrundieren und Polimentieren.

Der sogenannte **Einkehrpinsel** ist ein Haarpinsel entweder im Doppelkiel oder im Holzstiel. Eine mittlere Stärke, die viel benutzt wird, ist die Nummer 6 (Abb. 11).

Der **Ausfüller** oder **Netzer** besteht ebenfalls aus Rinds- oder Fehhaar und ist meist auf einem Kiel befestigt. Sein Merkmal ist die Spitze. Am meisten werden die Stärken 5 und 6 verwendet. Er wird zum Netzen benutzt (Abb. 11).

11 Einkehrpinsel und Netzer

12   Polimentbürste (links) und Abstauber

Die **Polimentbürste** ist eine Bürste in flacher Form, die dem Abbürsten der Polimentierung dient (Abb. 12).

Der **Abstauber** wird zum Abstauben des geschliffenen Kreidegrundes verwendet
(Abb. 12).

Der **Anschießer** ist ein Werkzeug, das sich viele Vergolder aus den Schweifchen
von Eichhörnchen selbst herstellen. Dazu müssen rund um den Grat die Haare
geordnet und auseinandergelegt werden, wozu man sie naß macht. Dann werden
sie gepreßt. Über den Grat klebt man einen länglichen Kartonstreifen, am besten
auf beiden Seiten, der unten noch einige Zentimeter vorsteht, so daß man das kleine
Gerät gut in die Klemme stecken kann. Wer sich nicht zum Selbermachen ent-
schließen kann, kauft einen fertigen Anschießer, der in Karton gefaßt ist und aus
Feh- oder Eichhörnchenschwanzhaaren besteht. Diese Anschießer sind ganz flach
und sowohl gerade als auch halbrund geformt. Es gibt verschiedene Breiten und

Stärken, einfach und doppelt, unter denen man je nach Beschaffenheit des Werkstückes wählen kann. Für die Freunde der echten Eichhörnchen-Schweifchen sei darauf hingewiesen, daß es sie auch im Handel zu kaufen gibt (Abb. 7).

Feine **Rotmarderpinsel,** wie sie auch von den Kunstmalern benutzt werden, dienen den Faßarbeiten und sollten diesen in der Größe angepaßt sein. Im allgemeinen wird man mit den Stärken 4 und 8 ausreichend bestückt sein.

Zum Punzieren verwendet man **Punziereisen,** die man sich herstellen lassen muß. Es sind Metallstäbchen, an der Schmalseite stempelförmig ausgeformt und mit einem Punkt, einem Ring, einem Sternchen usw. versehen.

7 Das Material

Die hier aufgeführten Materialien sind im guten Farbhandel erhältlich; wo man sie nicht vorrätig hat, wird man sie Ihnen besorgen. Eines der Materialien, die gebraucht werden, sind **Haut- und Knochenleime.** Dabei handelt es sich um wäßrige organische Klebe- und Bindemittel tierischer Herkunft, die sich aus Glutin (= löslicher Eiweißstoff) zusammensetzen. Die Klebekraft des Glutins beruht auf seiner hochmolekularen Eigenschaft, d. h. auf seinen verketteten Molekülen. Außer Glutin enthalten die Leime noch mehr oder weniger Glutose. Glutose ist ein weniger hochmolekularer oder ›abgebauter‹ Eiweißstoff. Die Herstellung geschieht durch Auskochen von Häuten bzw. Knochen. Die Häute werden vor dem Kochen in Kalkgruben ›geäschert‹, um sie von Blut und Fettresten zu befreien. Anschließend werden sie in den sogenannten ›Holländern‹ gewässert. Die gereinigten Häute kocht man dann in Kochkesseln mit Heizschlangen bei ca. 90 Grad Celsius, wobei das Kollagen als Glutin in Lösung geht. Die entstandene Leimbrühe wird durch Eindampfen weiter eingedickt. Durch Ausgießen in Formen erhält man nach dem Erkalten eine gallertartige Masse, die in Tafeln geschnitten und auf Netzen in Trockenkanälen getrocknet wird (nach Wulf).

Hasenhautleim ist ein aus Hasenfellen hergestellter spezieller Hautleim, der in der Vergolderei Anwendung findet. Ihn gibt es in Tafeln oder gebrochen.

Kölnerleim hat an sich eine geringe Bindekraft, was für unsere Zwecke kein Fehler ist. Er ist außerordentlich elastisch und trocknet mit bedeutend geringerer Spannung auf, wodurch die Gefahr von Rißbildungen herabgesetzt wird. Er spielt als Polimentleim in den Vergoldertechniken eine besondere Rolle, obwohl er relativ teuer ist (nach Wehlte). Der Kölnerleim ist eine Art Hasenhautleim.

Gelatine ist ein hochwertiger Hautleim in besonders dünnen Tafeln. Sie wird selten verwendet.

Knochen- oder Perlleim (Vergolderleim) wird folgendermaßen hergestellt: Die Knochen müssen vor dem Entleimen mit Benzindämpfen entfettet und dann mit

72

schwefeliger Säure sterilisiert werden. Die Weiterbehandlung entspricht der bei der Hautleimherstellung. Perlenleime oder Perlleime werden durch Einträufeln der heißen Leimbrühe in Kohlenwasserstoffe wie z. B. Benzin hergestellt, wobei die Tropfen sofort zu Perlen erstarren (nach Wulf).

Hautleime besitzen meist eine helle Farbe, Knochenleime sind dunkler. Die genannten Leime sind in kaltem Wasser quellbar, danach in der Wärme löslich. Eine Gesundheitsgefährdung bei ihrem Gebrauch ist nicht gegeben, Gelatine wird sogar auch als Nahrungsmittel verwendet.

Was die Unterscheidung von Haut- und Knochenleim anbelangt, so muß gesagt werden, daß allein die Stärke der Farbigkeit kein einwandfreies Kriterium ist, denn die gewöhnlich dunkleren Knochenleime können künstlich gebleicht sein. Das sicherste Erkennungszeichen ist die Quellfähigkeit. Haut- und Lederleime quellen sehr stark, behalten aber auch noch längere Zeit ihre Form, ohne zu zerfließen. Knochenleime quellen weniger stark und zerfließen nach einigen Tagen (nach Wulf).

Kaseinleime sind wäßrige organische Klebe- und Bindemittel tierischer Herkunft. Sie werden heute kaum mehr selbst hergestellt, sondern aus dem Handel bezogen. Dieser führt bereits gebrauchsfertige Kaseinleime oder wasserlösliche Pulverkaseine in seinem Angebot. Man halte sich genau an die jeweilige Gebrauchsanleitung.

Kreide ist chemisch gesehen ein kohlensaures Kalzium (Kalziumkarbonat = Ca C03). Die meisten Kreidesorten enthalten außerdem geringe Beimengungen von Ton, Kieselsäure und Eisenoxyd. Kreide kommt in der Natur als ein weiches Gestein vor, das durch Ablagerungen von Kalkschalen kleiner Muscheltiere auf dem Meeresgrund entstanden ist. Die Ablagerungen sind heute noch im Tiefseeschlamm nachweisbar. Durch spätere Hebung des Meeresgrundes infolge tektonischer Veränderungen gelangte die Kreide zum Teil an die Erdoberfläche (Wulf). Die Hauptvorkommen in Europa finden sich in England (Kreideküste von Dover), Schweden (Malmö), Dänemark, Frankreich (Champagne), Deutschland (Rügen, Holstein, Söhlde bei Hannover, Schwaben) und in Italien (Bologna), wobei anzumerken ist, daß längst nicht mehr alle Abbaustätten in Betrieb sind, die es einst gegeben hat, weil sich die Kreidevorkommen mittlerweile erschöpft haben. Je nach der Tiefe, in der die Kreide lagert, ist der Abbau an den einzelnen Fundstellen verschieden. Bei der Billigkeit des Materials ist der Abbau aber nur im Tage- oder Stollenbau lohnend. Die Aufbereitung geschieht durch Schlämmen, d. h. durch

Entfernen der sandigen Verunreinigungen und durch Mahlen. Reinste Kreidesorten wie z. B. **Champagnerkreide** werden ohne vorheriges Schlämmen durch Zerstäuben mit Metallbürsten pulverisiert oder aber gemahlen und windgesichtet.

Im Handel werden unterschieden

nach Herkunft: Rügener Kreide, Söhlder Kreide usw. Für den Vergolder sind besonders die Bologneser und die Champagnerkreide wichtig;

nach Aufbereitung: Schlämmkreide und Brockenkreide (nur geschlämmt), gemahlene Kreide (geschlämmt und gemahlen).

Die Farbe der verschiedenen Kreidesorten ist weiß bis gelblich oder graustichig. Die hellste Sorte ist die Champagnerkreide. Gut geschlämmte Kreide darf beim Einrühren in Wasser keinen sandigen Bodensatz bilden.

Die vom Vergolder verwendete **Stein-** oder **Bergkreide** ist, streng genommen, keine Kreide, sondern ein weicher gemahlener Kalkstein der Jura-Formation (nach Wulf).

Neben der Kreide ist noch das **Kaolin** von Bedeutung. Stein- oder Bergkreide und Kaolin werden der Bologneser Kreide zugesetzt. Kaolin (Ton) ist kieselsaures Aluminium und nicht zu verwechseln mit Tonerde. Ton ist ein in der Natur weit verbreitetes Verwitterungsprodukt von Feldspat. Die Aufbereitung geschieht wie bei der Kreide durch Schlämmen und Mahlen. Der Farbton ist weiß, gelblich oder graustichig. Die vom Vergolder verwendeten Sorten sind das erwähnte Kaolin, China Clay und Weißer Bolus (nach Wulf).

Der **rote Bolus** gehört zu den roten Erdfarben und ist aus Eisenoxyd und Ton zusammengesetzt (Eisenoxyd = Fe_2O_3). Rote Tone und Erze kommen hauptsächlich in vulkanischen Gegenden vor (Italien, Spanien, Persien, aber auch Rothaargebirge in Deutschland). Die Aufbereitung geschieht durch Schlämmen und Mahlen. Rote Erdfarben können auch aus gelben Erdfarben durch Brennen hergestellt werden. Dabei wird das wasserhaltige Eisenoxydhydrat durch Austreiben von Wasser in wasserfreies Eisenoxyd verwandelt. Der rote Bolus ist eine der tonreichen Sorten.

Der **gelbe Bolus** gehört gleichfalls zu den Erdfarben und ist ein Eisenoxydhydrat + Ton. Eisenoxydhydrat ist ein wasserhaltiges Eisenoxyd ($Fe_2 \cdot 3H_2O$). Die Aufbereitung geschieht durch Schlämmen und Mahlen von natürlicher Ockererde, die z. B. in Oberfranken, im Lahngebiet, in Frankreich und Italien vorkommt.

Poliment besteht aus rotem bzw. gelbem Bolus + Bindemittel (Hasenhautleim oder Eiweiß). Man kauft es im Fachhandel in Form von ›Hütchen‹ von ca. 6 cm Höhe oder naß und bereits gerieben. Es setzt sich zusammen aus rotem bzw. gelbem Bolus + Venezianerseife + Bienenwachs, Hirschunschlitt und Walrat, wobei die Hersteller die Rezepturen peinlich geheimhalten und alte Rezepte kaum aufzutreiben sind.

Blattmetalle

Die Blattmetalle, zu denen vor allem Blattgold, Kompositionsgold (Schlagmetall), Blattsilber und Aluminium gehören, stellen die wichtigsten Materialien des Vergolders dar.

Blattgold gibt es in den verschiedensten Größen, Stärken und Farbtönen. Im Fachhandel kann man wählen zwischen den gängigen Sorten: Dukaten-Doppelgold (23 Karat), Rosanobel-Doppelgold (23½ Karat), Feines Doppelgold (23½ Karat), Alt-Doppelgold (23 Karat) für Restaurierungen alter Vergoldungen, Schnittgold (23 Karat), Orange-Gold (22 Karat), Zitron-Doppelgold (18 Karat), Reines Feingold (24 Karat) ohne jede Legierung, Reines Feingold mit reinem Platin für wertvolle Außenvergoldungen, Weißgold (12 Karat) und je nach Anstalt noch weitere Sorten. Wir haben diese Liste nur der Vollständigkeit halber aufgezählt, tatsächlich verfügt der Fachhandel meist nur über die gängigsten Sorten, ist aber in vielen Fällen bereit, das Gewünschte zu beschaffen.

Was die Farbtöne anbelangt, so gibt es auch da die verschiedensten Sorten wie z.B. blasses Feingold, gelbes, dunkelgelbes, blaßgelbes, blaßoranges, blaßrotes, tiefgelbes, zitrongelbes, sehr blasses, rotes, tiefgelbes, orangegelbes, extrablaßgelbes, tieforanges, grünliches, dunkeloranges, separatgelbes, orangegelbes, lichtoranges, parisergrünes und grüngoldenes Gold. Die verschiedenen Farbtöne sind abhängig von den jeweiligen Legierungen von Feingold, Feinsilber und Kupfer.

Hinsichtlich der Blattstärken gibt es Einfachgold, Doppelgold und (seltener) Dreifachgold. Die gebräuchlichsten Blattstärken liegen zwischen 1/8000 mm bis 1/10 000 mm.

Die Blattgrößen bewegen sich zwischen 50, 65 und 80 mm im Quadrat. Die Goldblättchen liegen in Heftchen zwischen Seidenpapierblättern, die etwas größer als die Goldblättchen sind. Ein Heftchen umfaßt 25 Blatt, ein Buch = zehn bzw. zwölf Heftchen, d. h. 250 oder 300 Blatt (Normen für österreichische bzw. deutsche Erzeuger).

Die besonderen Eigenschaften von Blattgold sind Lichtechtheit und Wetterbeständigkeit, die mit dem Goldgehalt und der Blattstärke steigt. Blattgold wird für die verschiedenen Polimentvergoldungen und für Außenvergoldungen auf Mixtionbasis verwendet.

Schließlich gibt es noch das **Sturm-, Transfer-** oder **Abziehgold**, bei welchem das Goldblättchen auf Seidenpapier aufgepreßt ist. Man verarbeitet dieses Gold ohne Vergolderkissen und ohne Anschießer. Es wird für Mixtionvergoldungen im Freien verwendet.

Das **Zwischgold** besteht in seiner besten Qualität auf der einen Seite aus Gold, auf der anderen aus Silber.

Schlagmetall oder **Kompositionsgold** hat keinen Goldanteil, sondern besteht aus reinen Kupfer-Zink-Legierungen. Je nach Art der Legierung gibt es (gleich wie bei den Bronzen) verschiedene Farbtöne und nur eine Blattstärke. Man kauft das Schlagmetall in ›Schlägen‹, d. h. ein ›Schlag‹ umfaßt 100 Blatt in einer Blattgröße von 16 × 16 cm. Zwischen den einzelnen Blättern liegt kein Seidenpapier. Manche Firmen führen es auch in Heftform in geringerem Format (95 × 95 mm). Einige Unterscheidungshilfen zwischen Blattgold und Schlagmetall sind folgende: Die Stärke ist bei Schlagmetall wesentlich größer als bei Blattgold; Schlagmetall ist undurchsichtig, während Blattgold, gegen das Licht gehalten, leicht durchscheinend wirkt. Schlagmetall gibt, wenn man es bewegt, ein leicht knisterndes Geräusch von sich, während das bei Blattgold nicht der Fall ist. Ein weiteres Unterscheidungsmerkmal ist der Umstand, daß Blattgold nicht oxydiert, während dies bei Schlagmetall der Fall ist. Verarbeitetes Schlagmetall muß deshalb bald mit einer Lackschicht geschützt werden. Schlagmetalle lassen sich nicht polieren, weshalb sie sich zur Polimentvergoldung nicht eignen. Schlagmetall ist im Anschaffungspreis wesentlich niedriger als Blattgold und wird infolgedessen eher für dekorative, wertlosere Zwecke verwendet.

Blattsilber ist in der Anschaffung wesentlich niedriger im Preis als Blattgold. Es gibt nur eine Sorte, deren Feingehalt an Silber 100 Prozent beträgt. Ebenso ist nur eine Blattstärke erhältlich, die wesentlich stärker als die des Goldes ist. Silber kann nicht so dünn ausgeschlagen werden wie Gold, da es nicht so geschmeidig ist. Die Größe der Blätter beträgt 95 und 100 mm im Quadrat. Die Verpackung ist gleich wie beim Blattgold. Blattsilber muß nach der Verarbeitung mit Lack überzogen werden, da es sonst oxydiert.

Blattaluminium sieht zwar silbrig aus, enthält aber keinen Silberanteil, sondern besteht aus reinem Aluminium. Darum kann es auch nicht oxydieren, weshalb sich ein Überziehen mit Lack erübrigt. Im Handel befindlich ist es genau wie das Schlagmetall in der Größe 16 × 16 cm in Schlägen oder 95 × 95 bzw. 100 × 100 mm in Heften. Es läßt sich wie Schlagmetall nicht auf Polimentgrund polieren. Wegen seines niedrigen Anschaffungspreises verwendet man es hauptsächlich für dekorative Zwecke.

Eine Unterscheidung von Blattaluminium und Blattsilber ist aufgrund des Farbtones und der Stärke äußerst schwierig; Blattsilber wird durch Schwefelwasserstoff oxydiert, während Blattaluminium unverändert bleibt.

Blattkupfer und **oxydierte Metallfolie** werden nur selten verwendet und sind im Handel in der Größe 140 × 140 mm erhältlich.

Überzugsmittel

Wasch- und **Goldfirnisse** werden heute nicht mehr selbst hergestellt, sondern im einschlägigen Fachhandel erworben. Waschgoldfirnis trägt man auf Versilberungen auf und erhält das ›Waschgold‹.

Zaponlack, ein sehr dünnflüssiger Nitrozelluloselack, ist besonders schnell trocknend und sehr ›körperarm‹ (der nach dem Verdunsten der Lösungsmittel überbleibende Film ist daher sehr dünn und von geringer Fülle). Zaponlack ist ein bewährter Überzugslack und dient zur Verhinderung von Oxydation.

Schellack ist eine harzartige Ausscheidung der Lackschildlaus, die vornehmlich in Indien beheimatet ist. Man unterscheidet den Stockschellack (Rohschellack) und den Blätterschellack. Der letztgenannte wird vom Handel in verschiedenen Farbtönen angeboten, wie z.B. orange, goldrubin, lemon hell, Doppel-Sonne, blond und farblos. Um ihn als Isoliermittel oder Überzugslack verwenden zu können, muß man die Blätter in Spiritus lösen.

Bronzepulver

Die Bronzepulver finden in der Dekorationsmalerei (z.B. bei Rahmen oder Lustern) dort Anwendung, wo man einen billigen Ersatz für die Mattvergoldung anbringen will. Es gibt auch Verfahren, bei denen man die Bronzen nachträglich poliert. Es handelt sich um metallische Farbpulver, die entweder aus einem Metall oder aber aus Legierungen bestehen. So ist z. B. Kupferbronze reines Kupfer und Aluminiumbronze reines Aluminium, während Goldbronzen Kupfer-Zink-Legierungen sind. Der Name ›Goldbronze‹ bezieht sich also nur auf das Aussehen, nicht aber auf die Zusammensetzung. Silberbronzen sind Kupfer-Zink-Nickel-Legierungen. Der Name bezeichnet auch hier nur das Aussehen. Die Herstellung der Bronzen geschieht durch Pulverisieren der jeweiligen Metalle. Je feiner die Bronzepulver gerieben werden, desto matter ist ihre Wirkung im verarbeiteten Zustand und desto größer ist ihr Deckvermögen. Den gewünschten Glanz erhält das Bronzepulver durch nachträgliches Polieren in der Poliermaschine unter Zusatz von Fetten (nach Wulf).

Die einzelnen Sorten kann man unterscheiden:

1   nach dem Farbton, z. B. in Naturkupfer, Goldbronzen (Bleichgold, Reichbleichgold, Reichgold, Gelbgold, Grüngold), Silberbronzen (Neusilberbronze), Aluminium, Kupfer usw.;
Anlaufbronzen (Patentmoosgrün, Patentneugrün, Patenthellblau, Patentnachtblau, Patentviolett, Patentamaranth);

2   nach dem Feinheitsgrad in grobkörnige Bronzen (Hochglanzbronzen) und feinkörnige Bronzen (Schliffbronzen).

Die Feinheitsgrade werden durch Nummern oder Buchstaben gekennzeichnet: N = normal (grob), HF = halbfein, S = Schliff (fein) und SS = Super-Schliff (feinst). Der Glanz ist am höchsten bei gewöhnlichen Bronzen, am schlechtesten bei Schliffbronzen. Bronzepulver sind untereinander mischbar und auch mit allen Farbkörpern verträglich. Die Deckfähigkeit ist gut bis sehr gut. Sie steigt mit dem Feinheitsgrad, ist also bei Schliffbronzen am höchsten. Die Lichtechtheit ist sehr gut, außer bei den Patentbronzen, die im Licht ausbleichen.

Hinsichtlich der Wetterbeständigkeit muß man beachten, daß Gold- und Silberbronzen wegen ihrer hohen Neigung zur Oxydation für Außenbereiche nicht besonders geeignet sind. Ein Überzug mit Klarlack kann jedoch dieses Übel beheben. Aluminiumpulver ist dagegen problemlos auch im Freien verwendbar.

Pudergold und Pudersilber

Bei Pudergold bzw. Pudersilber handelt es sich im Gegensatz zur Goldbronze um reines Gold bzw. Silber in Puderform.

Metallpasten

Der Handel bietet schließlich noch Metallpasten (eine Sorte davon heißt ›Goldfinger‹) in Tubenform und **Wachspasten** in verschiedenen Farbtönen (Treasuregold) an. Außerdem gibt es **flüssige Goldbronzen** (Liquid leaf) in mehreren Farbtönen.

Anlegeöl oder Mixtion

benötigt man für die Ölvergoldung (im Gegensatz zur Polimentvergoldung). Es ist ein dickflüssiges, zähes Öl, das lange Zeit braucht, bis es klebefrei trocken ist. Diese Eigenschaft ist es, die man beim Goldanschießen schätzt. Die Trockenzeit wird vom Handel mit 3, 6 und 12 Stunden angegeben, d. h. nach Ablauf dieser Frist kann das Gold aufgelegt werden. Allzu dick gewordenes Anlegeöl verdünnt man mit Terpentin. Das Anlegeöl ist ein Leinöl, das mit Bleiglätte ausgekocht worden ist.

Vergoldermilch

Hierbei handelt es sich um einen relativ neuen Ersatzstoff, der nur für Innenarbeiten verwendet werden kann. Die Milch hat eine Trockenzeit von einer Viertelstunde bis zu 30 Stunden und trägt ihren Namen aufgrund ihres milchigen Aussehens. Sie ist ein praktisches Anlegemittel für die Blattvergoldung, Versilberung oder Metallisierung.

Verdünnungen

Terpentinöl ist ein Verdünnungsmittel für ölige Bindemittel; in der Praxis wird es oft fälschlich als ›Terpentin‹ bezeichnet. Terpentin ist kein Verdünnungsmittel, sondern der für die Terpentinölherstellung verwendete Balsam. Zusammensetzung: vegetabilisch – ätherisches Öl. Feuergefährlich!

Terpentinersatz ist ein Testbenzin und gehört zu den terpentinölähnlichen Verdünnungs- und Lösungsmitteln. Er dient der Reinigung von Pinseln und Werkzeugen, die mit ölhaltigen Farben und Lacken verschmutzt sind, allerdings nur, wenn die Farben bzw. Lacke noch nicht eingetrocknet sind. Feuergefährlich!

Spiritus ist ein denaturalisierter Alkohol und als solcher im Farbhandel erhältlich. Er wird verwendet als Lösungsmittel für Schellack und natürlich auch als Reinigungsmittel für die vom Schellack verunreinigten Werkzeuge. Feuergefährlich!

Sikkativ ist ein Hilfsstoff zur Beschleunigung oder Verbesserung der Trocknung fetter Ölfarben. Man darf es vorsichtshalber nur tropfenweise verwenden, da sich sonst die Wirkung ins Gegenteil verkehrt. Ähnlich verhält es sich mit **Rapidol**.

Entrostungsmittel sind chemische Stoffe zur Rostentfernung und werden im Handel als ›Entroster‹ bezeichnet, sind also nicht zu verwechseln mit mechanischen Hilfen (z. B. Drahtbürste).

Rostschutzfarben schützen Eisen vor Rost. Zusammensetzung: Pigmente, Bindemittel, Verdünnungsmittel, Trockenstoffe und Zusatzmittel. Eins der bekanntesten Rostschutzpigmente ist das **Bleimennige**. Im Handel sind verschiedene Fabrikate erhältlich.

Wash-primer

(Deutsch: dünn aufgetragene Grundierung). Hierbei handelt es sich um Haftgrundfarben für Metalle, die durch chemische Umsetzung passivierend und damit korrosionsverhindernd auf den Untergrund wirken. Wash-primer gibt es in verschiedenen Farbtönen, z. B. Gelb, Rot, Grün. Die Farbwahl ist technisch ohne Belang. Durch Gehalt an brennbaren Lösungsmitteln feuergefährlich!

Öl-Tubenfarben

Herstellung durch Vermischen von Farbkörpern und trocknenden Ölen, gegebenenfalls unter Zusatz von Harz, Wachs, Lösungsmitteln und Trockenstoffen. Die wichtigsten Farbtöne für den Faßmaler sind: Weiß, Schwarz, Ocker, Kadmiumrot hell, Ultramarinblau, Umbra natur, Siena gebrannt, Englischrot dunkel. Für Lüstrierungen benötigt man Krapplack und Pariserblau. Tubenfarben trocknen leicht ein und sollten deshalb nach Gebrauch verschlossen werden.

Dispersionsfarben

sind neue Werkstoffe, die besonders nach dem Zweiten Weltkrieg entwickelt und verbreitet wurden. Es handelt sich dabei um Kunstharze, die nach besonderen Verfahren in Wasser dispergieren, d. h. sich in so feine Teilchen verteilen lassen, daß praktisch eine Art Emulsion entsteht. Man verwende die im Handel vertriebenen gängigen Marken. Es gibt die weiße Dispersionsfarbe, verschiedene Abtönfarben und den farblosen Überzug.

18a, b   Renaissance-Vergoldung am St. Annenaltar (Gesamtansicht und Detail). Museum Ferdinandeum, Innsbruck

19   Reichvergoldeter Hochaltar der Wallfahrtskirche Christkindl bei Steyr, Österreich. (Foto: Löbl-Schreyer, ▷ Bad Tölz)

20   Kanzel aus der Kirche Maria Rain im Ostallgäu. (Foto: Toni Schneiders, Lindau) ▷ ▷

21   Schiffskanzel der bayerischen Klosterkirche Mariae Himmelfahrt in Irsee. (Foto: Marco Schneiders, ▷ ▷ Lindau)

22 Vergoldete Kommode in den Kurfürstenzimmern der Residenz München (Schlafzimmer Raum 25), um 1760. (Foto: Fotoarchiv der Museumsabteilung der Bayerischen Schlösserverwaltung, München)

23 Seeg, Pfarrkirche: Orgel. (Foto: Lydia L. Dewiel, München) ▷

24 Altes Residenztheater, München: Blick auf die mit Goldornamentik verzierte Fürstenloge (Schrägansicht). ▷ (Foto: Fotoarchiv der Museumsabteilung der Bayerischen Schlösserverwaltung, München)

26 Neugotischer Hochaltar der Pfarrkirche zu Natters in Tirol

◁ 25 Rokokoinnenraum: Klosterbibliothek von Christian Wiedemann in der Benediktinerabtei von Ulm-Wiblingen, um 1750. (Foto: Peter Klaes, Radevormwald)

Universalabtönpaste

(z. B. Pintasol) bindemittelfreie, hochkonzentrierte Abtönpaste für alle wäßrigen, öligen Lösungsmittel-haltigen Anstreichmittel und Speziallacke, ist in verschiedenen Farbtönen erhältlich.

Gips

wird durch Brennen von natürlichem Gips hergestellt und ist ein schwefelsaures Kalzium. Die verschiedenen Sorten haben unterschiedliche Abbindezeiten: Stuckgips 15 bis 20 Minuten, Putzgips etwas langsamer als Stuckgips, Estrichgips einige Tage, Marmorgips 5 bis 6 Stunden. Gips dient zum Auskitten von Löchern und Rissen. Einmal angerührter und erstarrter Gips bleibt hart. **Moltofill** kann man anstelle von Gips verwenden.

8   Für welche Art der Vergoldung entscheide ich mich?

Wenn Sie sich, lieber Leser, der Mühe unterziehen, den zweiten, praktischen Teil dieses Buches zu studieren, werden Sie sehen, daß es verschiedene Arten der Vergoldung gibt. Da ist einmal die Polimentglanzvergoldung, die in ihrer Ausdruckskraft einmalig und von keiner anderen Methode erreichbar ist. Sie stellt die absolute Spitze dar. Fast denselben Arbeitsaufwand, einen etwas geringeren Schwierigkeitsgrad und eine etwas andere Wirkung besitzt die Polimentmattvergoldung und -versilberung. Diese Verfahren können allesamt nur in Innenräumen eingesetzt werden. Denn die fertigen Stücke müssen vor jeder Art von Feuchtigkeit geschützt werden. Ganz anders ist dies bei der Öl- oder Mixtionvergoldung, die allen Witterungseinflüssen wie Regen, Wind und grellem Sonnenschein trotzt. Sie wird deshalb im Freien eingesetzt, also z. B. an Statuen, Standbildern, Denkmälern, Fassadenteilen, Inschriften, Grabkreuzen, Schmiedeeisengittern usw., um nur einiges zu nennen. Die Technik der Ölvergoldung ist, da keinerlei Kreidegrund und kein Poliment aufgetragen werden müssen, um vieles einfacher und schneller als die Polimentvergoldung und läßt sich deshalb vom Laien leicht in den Griff bekommen. Allerdings erzielt sie, da sie nicht poliert werden kann, keineswegs denselben hohen Glanz wie die Polimentvergoldung, obwohl auch sie mit echtem Blattgold durchgeführt wird.

Nicht mit echtem Blattgold, sondern mit dem goldähnlichen Schlagmetall oder Blattaluminium ausgeführt wird die Technik der Metallisierung. Sie wird dort eingesetzt, wo es nicht auf Kostbarkeit und edles Aussehen ankommt, also z. B. bei rein dekorativen Gegenständen.

Noch ›eine Stufe darunter‹ liegt die Anwendung der verschiedenen Bronzen, die freilich mit der Technik der Vergoldung nichts mehr zu tun haben.

Der Vergolder tut gut daran, erst einmal die Überlegung anzustellen, welches Verfahren er wählen will. Wenn er bei einem bestimmten Gegenstand dessen Kostbarkeit betonen möchte, so wird er die Polimentglanz- und Mattvergoldung als Kombination von beiden wählen. Was man allerdings als ›Kostbarkeit‹ empfindet, das ist eine rein subjektive Angelegenheit. Wenn z. B. ein Absolvent eines Schnitz-kurses einen allerersten Spiegelrahmen geschaffen hat, wird er darauf zu Recht stolz sein, und er wird ihn daher als Kostbarkeit empfinden und einstufen. Er wird also möglicherweise geneigt sein, nach der Technik des Holzschnitzens auch noch die des Vergoldens zu erlernen, um seinem Rahmen ein würdiges Gewand zu geben. Wenn man hingegen einem dekorativen Gegenstand ein glänzendes Kleid verpassen möchte, kann man sich unter Umständen der Technik der Metallisierung unter Zuhilfenahme von Mixtion oder Vergoldermilch bedienen. Handelt es sich um eine Vergoldung, die der Witterung ausgesetzt werden soll, muß man auf jeden Fall zur Öl- bzw. Mixtionvergoldung greifen.

Eine Komponente, die miteingreift in die Wahl der Vergoldermöglichkeiten, ist die Frage nach dem erforderlichen Zeitaufwand der einzelnen Techniken. Das zeitaufwendigste Verfahren ist mit Abstand die Polimentvergoldung, und das nicht nur deshalb, weil so viele Arbeitsgänge dabei vorgenommen werden müssen. Gra-vierend sind hier die Trockenzeiten, die **unbedingt** eingehalten werden müssen. Ein wenig kann man hier nachhelfen, indem man z. B. auf eine geeignete Raum-temperatur achtet; aber jedes schnelle Trocknen z. B. unter einem Fön oder Heiz-lüfter, in der Nähe der Heizung oder an der Sonne muß auf jeden Fall vermieden werden.

Die Arbeit an einer Polimentvergoldung zieht sich immer über mehrere Tage hin; das sollte man einkalkulieren.

So hat jede Technik ihre ganz spezifischen Anwendungsgebiete, die wir Ihnen in diesem kurzen Überblick zunächst einmal gesammelt vorstellen wollten.

9 Die wichtigsten Regeln der Polimentvergoldung

Polimentvergoldung ist nur für Innenräume geeignet und muß vor Feuchtigkeit geschützt werden.

An der Arbeitsstelle achte man auf gute Beleuchtung und bequeme Haltung.

Die Raumtemperatur sollte nicht zu niedrig sein.

Auf Staub- und Fettfreiheit muß größtes Augenmerk gelegt werden. Das gilt auch für das Vergolderkissen und das Messer.

Man verwende nur bestes, einwandfreies Material.

Ausschließlich echtes Gold und Silber lassen sich polieren.

Leimtränke und Kreidegründe dürfen nicht zu lange aufbewahrt werden.

Eipoliment muß, bevor man es verwendet, ca. 2 bis 3 Wochen stehen.

Auf keinen Fall darf man in die polimentierte Fläche mit dem Finger hineingreifen.

Prinzipiell wird immer erst vergoldet und danach farbig gefaßt.

Man schießt das Gold von oben nach unten an. Die Netze darf nicht ins schon Vergoldete hineinrinnen.

Nach dem Anschießen muß jede Staubentwicklung im Arbeitsraum vermieden werden.

10 Die Polimentglanzvergoldung auf Holz, Stuck, Gips und Ton

Bevor wir in dieses neue Kapitel einsteigen, möchten wir den Leser auf einige Dinge hinweisen, die für eine fachgerechte Polimentvergoldung von allergrößter Bedeutung sind. Wir haben das Allerwichtigste im vorangehenden Regelkatalog zusammengefaßt, den zu beherzigen wir dringend anraten möchten.

Aber selbst wenn man all das befolgt, was wir anraten, **kann** eine Polimentvergoldung gelingen, **muß** aber nicht. Auch erfahrenen Fachleuten auf diesem Gebiet passiert es gelegentlich, daß sich das Gold nicht gut polieren läßt, daß es beim Polieren nicht haftet usw. Vielerlei kann dafür die Ursache sein: Qualitätsunterschiede der benutzten Werkstoffe, zu stark oder zu schwach geleimte Kreidegründe sowie Polimente, oder zu lange Aufbewahrung dieser beiden Materialien, zu lange oder zu kurze Trockenzeiten usw. Oft hilft es dann schon, neuen Leim oder neue Kreide zu verwenden oder die Raumtemperatur zu verändern. In vielen Fällen erweist es sich als schwierig, die Fehlerquelle zu eruieren; jedoch mit einigem Experimentieren kann man darin fündig werden.

Die Polimentglanzvergoldung ist eine derart exakt auszuführende Technik, daß sich schon der geringste Fehler unangenehm auswirken kann. Ganz falsch aber wäre es, würde man gleich nach dem ersten Versuch die Flinte ins Korn werfen; besser ist es, man tastet sich nach und nach an die Technik heran, ohne sich durch auftretende Mißgeschicke entmutigen zu lassen.

Was nun die eigentliche Arbeit anbelangt, so tut man gut daran, sich erst einmal alles herzurichten, was man an Werkzeug und Material benötigen wird. Mit Vorteil wird man die ersten Arbeitsgänge in der Nähe des Wasseranschlusses durchführen, wo man sich auf einer Ablage einen Platz zum Anrühren der Leimtränke und der Kreidegründe schafft. Dort richtet man sich nach Möglichkeit auch den elektrischen Kocher her, auf welchem man das Wasserbad erhitzt. Die verschiedenen Emailtöpfe werden ebenso bereitgestellt wie gut schließende Gläser zur Aufbewahrung der Flüssigkeiten und das Vergoldersieb.

An Material bereitet man Folgendes vor: den Perl- bzw. Knochenleim, den Hasenhautleim, die Berg- oder Steinkreide, die Bologneser Kreide (Champagnerkreide), Kaolin und etwas später den gebrauchsfertigen Bolus. Hat man alle diese Stoffe griffbereit, kann man an die eigentliche Arbeit gehen. Um dem Leser diese zu erleichtern, haben wir die Rezepturen der ersten Arbeitsgänge nachfolgend zusammengestellt.

Rezepturen

1 Leimtränke

50 g Perl- oder Knochenleim wird in einen Emailtopf geschüttet und gut mit kaltem Wasser bedeckt. Man läßt den Leim ca. 2 bis 3 Stunden quellen, d. h. so lange, bis die Körner gequollen sind. Ab und zu rührt man um. Man stellt den Emailtopf ins Wasserbad und erwärmt den Leim, bis er flüssig ist. Diese Flüssigkeit ist die Grundmasse sowohl für die Leimtränke als auch für den Bergkreidegrund. Von dieser Grundmasse nimmt man ungefähr 2 Milliliter oder ca. 1½ bis 2 Eßlöffel weg und gießt sie in ein kleines Emailgefäß, in dem sich ¼ l warmes Wasser befindet. Man macht die Leimprobe, d. h. gibt einen Tropfen der so entstandenen Leimtränke auf den einen Handballen und preßt den anderen Handballen dagegen. Das Gefühl, das sich dabei einstellt, muß leicht klebrig sein.

Wie in den ›Wichtigsten Regeln‹ oben aufgeführt, muß die angerührte Flüssigkeit bald verwendet werden. Ist das nicht möglich, gießt man sie in ein Gefäß und verwahrt sie kühl, unter Umständen im Kühlschrank. Aber auch dann ist sie nur beschränkt haltbar.

2 Berg- oder Steinkreidegrund

Der verbliebenen Leimflüssigkeit setzt man ⅛ l warmes Wasser zu und macht wiederum die Leimprobe, die diesmal deutlich klebriger ausfallen muß. Der Flüssigkeit fügt man 8 bis 10 Eßlöffel (je nach Größe des Löffels) Bergkreide = Steinkreide zu, was unter mehrmaligem Rühren geschieht. Die Masse muß nicht unbedingt gesiebt werden. Man verwahrt sie im Emailgefäß bei niedriger Temperatur. Auch für sie gilt das gleiche, wie schon bei der Leimtränke erwähnt: Sie ist nur beschränkt haltbar.

3 Kreidegrund – Bologneser Kreidegrund

Ca. 120 g Hasenhautleim und 1 l kaltes Wasser läßt man zusammengefügt ca. 2 bis 3 Stunden quellen, wobei man gelegentlich umrührt. Man stellt die in einem Emailgefäß befindliche Masse ins warme Wasserbad, und zwar so lange, bis sie flüssig geworden ist.

900–1000 g Bologneser Kreide mischt man nach und nach hinein, rührt aber nicht zu stark, weil sich sonst Luftbläschen (Nissen) bilden.

Um einen besonders geschmeidigen Kreidegrund zu erhalten, kann man ein Viertel Raumteil, also ca. 250 g, durch Kaolin ersetzen.

Die Masse wird in noch warmem, flüssigem Zustand durch das Vergoldersieb gesiebt, wobei man sie nur nach und nach einfüllt und mit einem alten Pinsel durchreibt. Man siebt den so zubereiteten Kreidegrund in ein Email- oder Plastikgefäß, wo man ihn dann gut herausstechen kann.

4 Hasenhautleim

Zum eventuellen Verdünnen des Kreidegrundes, zum Leimen oder Nachleimen des gelben, fallweise auch des roten Poliments (bezieht sich auch auf die wenig gebräuchlichen anderen Farben) und zum ›Niedernetzen‹ der Weinbrand-Mattvergoldung. Ca. 30 g Hasenhautleim und ¼ l kaltes Wasser werden gemischt. Zubereitung und Aufbewahrung wie beim Leim für Kreidegrund.

5 Eipoliment

Wenn man selbstgeriebenes Eipoliment verwenden möchte, so ist die Verfahrensweise folgende: Man legt sich das Zubehör zurecht: die Marmorplatte, den Mörser, eine breite Griffspachtel, etwas (sauberes!) Wasser und die Bolus-Hütchen. Letztere werden auf der Marmorplatte etwas zerkleinert. Einen Teil davon (die Menge sollte nicht zu groß sein) vermengt man mit etwas Wasser und reibt das Ganze mit dem Mörser in kreisenden, von der Mitte der Platte ausgehenden Bewegungen so lange, bis die Masse fein und die ganze Platte bedeckt ist. Eine Griffspachtel führt man in dieser Bewegung

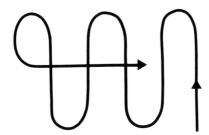

und faßt so die Bolusmasse in der Mitte zusammen. Diesen Vorgang wiederholt man zwei- bis dreimal, bis man ganz sicher ist, daß sich auch nicht mehr das kleinste Körnchen findet. Mit dem Finger kann man die Probe machen. Diese Bolusmasse verwahrt man im gut schließenden Glasgefäß.

Auf 250 g Bolushütchen berechnet man das Eiweiß von ca. 12 Eiern. Es wird geschlagen, wobei man unbedingt auf Fett- und Staubfreiheit achten muß. Eiweiß und Bolusmasse werden miteinander vermengt. Die so entstandene Masse teilt man in den Teil, den man gleich verwendet, und den anderen, den man aufbewahrt. Vom letztgenannten macht man auf der Marmorplatte kleine Häufchen, die man ein paar Tage trocknen läßt. Man verwahrt sie in gut schließendem Glas oder ebensolchen Nylonsäckchen. Bevor man sie verwendet, versetzt man sie mit etwas Wasser. Sehr wichtig für die Verwendung von Eipoliment ist die Vorschrift, es erst nach Ablauf von 2 bis 3 Wochen zu verwenden. Es wird bei normaler Temperatur aufbewahrt.

Will man das umständliche Anreiben des Poliments vermeiden, bedient man sich heutzutage des käuflichen gesumpften und geriebenen Bolus. Diesen mischt man, wie oben angegeben, mit dem geschlagenen Eiweiß. Ein Anhäufen der Masse auf der Marmorplatte erübrigt sich. Die Bolusmasse wird bei normaler Temperatur aufbewahrt und nach Ablauf von 2 bis 3 Wochen verwendet.

6   Leimpoliment

Man mischt 1 Teil Hasenhautleim und 5 Teile warmes Wasser mit so viel von dem selbstgeriebenen oder dem gekauften geriebenen und gesumpften roten Bolus, daß die Flüssigkeit gut aus dem Pinsel läuft und auf keinen Fall stockt.

7   Schellack-Lösche

Man schüttet die Schellack-Blättchen in ein Gefäß und übergießt sie mit so viel Spiritus, daß die Flüssigkeit etwas übersteht. Die Flüssigkeit wird mit der Zeit dickflüssig. Man verdünnt sie mit 10 Teilen Spiritus. (Achtung auf äußerste Sauberkeit!)

8   Leimlösche

Auf ca. ¼ l Wasser nimmt man 1 Kaffeelöffel Hasenhautleim (siehe Rezept Nr. 4) und ca. 1 Eßlöffel selbstgeriebenes oder gekauftes geriebenes und gesumpftes gelbes Poliment. Man gibt den Leim ins warme Wasser und ins Warme hinein das Poliment. Die Leimprobe zwischen den Handballen soll leicht klebrig sein.

9   Leim für Mattvergoldung

Siehe Rezept Nr. 4 Hasenhautleim. Man vermengt 1 Teil Leim und 1 Teil warmes Wasser und hält diese Mischung im Wasserbad warm.

Das Vorbereiten des Werkstückes

Bevor man den ersten Arbeitsgang am eigentlichen Werkstück aus Holz beginnt, muß dieses dafür vorbereitet werden. So wird man sich davon überzeugen, daß das Holz trocken, absolut fett-, wachs- und staubfrei ist. Eventuelle Äste oder harzige Stellen werden mit Schellack isoliert, Harzgallen werden ausgebrannt. Man kann diese Arbeit entweder mit dem erhitzten Lötkolben, so vorhanden, ausführen oder mit einem erhitzten Messer. In beiden Fällen sticht man in die Harzgalle hinein; wenn sie lang genug ist, fährt man mit dem Lötkolben bzw. Messer etwas hin und her, bis das Harz austritt. Risse im Holz werden mit Stoff oder einem Vlies über-klebt, wozu man am zweckmäßigsten einen Tischlerleim (PVH-Leim) verwendet. Allzu große Risse werden mit Holz ausgekeilt. Löcher verkittet man mit Holzkitt oder ähnlichem.

Auf die völlig trockene Beschaffenheit des gesamten Werkstückes sollte man allergrößten Wert legen. Sind noch Spuren von Feuchtigkeit im Holz vorhanden, kann das zu bösen Überraschungen führen: Die Feuchtigkeit gelangt vom Holz in den Kreidegrund und durchdringt alle Schichten. Die gesamte, bereits geleistete Arbeit kann dadurch in Frage gestellt werden, nämlich in der Weise, daß alles abblättert. Hat man die Vergoldung bereits ausgeführt, springt diese natürlich mit ab und in der Gesamtvergoldung entstehen Löcher und häßliche Fehlstellen.

Wenn sich das Werkstück in perfekt vorbereitetem Zustand präsentiert, kann man mit dem ersten Arbeitsgang des Vergoldens beginnen, der wie auch die nach-folgenden identisch ist mit denjenigen für die farbige Fassung.

> **Man beherzige im übrigen die Regel, wonach immer erst die Vergoldung angebracht wird und erst nachfolgend die farbige Fassung.**

---

1 Leimtränken

Im Prinzip stellt man die Leimtränke nach dem entsprechenden Rezept (S. 94) her. Wenn es sich bei dem Werkstück um ein solches aus Hartholz handelt, setzt man dem Leim etwas mehr Wasser zu und verwendet die Flüssigkeit in sehr heißem Zustand, damit sich die Poren des Holzes öffnen.

Wenn man vom angegebenen Rezept abweicht, sollte man das nur in kleinsten Abmessungen tun und es ja nicht zu stark verändern. In jedem Fall aber ist es besser, die Leimtränke eher um eine winzige Spur zu schwach als zu stark anzulegen. Wird die Leimtränke nämlich zu stark gemacht, so bildet sich am Werkstück eine Art Film, der verhindert, daß die nachfolgenden Schichten des Kreidegrundes eine genügende Bindung zum Untergrund erhalten. Ist das erst einmal der Fall, so besteht große Gefahr, daß dieser Kreidegrund abblättert.

Die Leimtränke wird erwärmt – dies muß nicht unbedingt im Wasserbad geschehen – und mit einem Borstenpinsel gleichmäßig auf das Werkstück aufgetragen. Man arbeitet rasch und läßt anschließend gut trocknen.

Die abstehenden Fasern werden unter Einfluß des Leimes hart und können mit einem kleinen Messer oder etwas Schleifpapier entfernt werden.

Handelt es sich beim Werkstück um einen dünnen Gegenstand, so muß unbedingt auch die Rückseite mit Leimtränke bestrichen werden, damit sich das Holz nicht verzieht.

2   Auftragen des Stein- oder Bergkreidegrundes

Dieser Grund wird nach dem vorgegebenen Rezept (S. 94) zubereitet, im Wasserbad warm gehalten und mit einem Borstenpinsel sehr gleichmäßig, erst streichend und dann leicht ›stupfend‹ aufgetragen. Man achte besonders darauf, daß sich in den Vertiefungen nicht zu viel Grund ansammelt, der dann später mit dem Repariereisen mühsam wieder entfernt werden müßte. Außerdem besteht bei derartigen dicken Ansammlungen von Grundmasse die Gefahr des Reißens. Die feine, sensible Form des Schnitzwerkes muß unbedingt erhalten bleiben, weshalb es sich auch empfiehlt, die Masse in wirklich warmem Zustand und möglichst rasch aufzutragen, damit sie nicht vorzeitig erstarrt und die Form der Schnitzerei unnötig verändert. Man läßt den Grund trocknen und entfernt, wenn nötig, aufstehende Fasern.

3   Auftragen des Bologneser Kreidegrundes

Man rührt den Grund an, wie im Rezept angegeben (S. 95), und gießt ein wenig davon in ein ¼- oder ½-Liter-Gefäß. Dies nur aus dem einen Grund, da ein solches Töpfchen besser zu handhaben ist als ein großes Gefäß. Man hält diesen Grund im Wasserbad mäßig warm (handwarm), so daß er ziemlich dickflüssig und sehr streichfähig ist. Mit dem Borstenpinsel streicht und stupft man ihn auf und läßt ihn trocknen.

Aus ein wenig Kreidegrund und der entsprechenden Menge Moltofill oder Gips rührt man eine Masse an, mit der man Unebenheiten, entstandene Risse oder kleine Löcher auskittet. Dann streicht man mit der Grundmasse ein zweites, drittes, viertes und unter Umständen auch ein fünftes Mal mit dem Borstenpinsel so lange, bis die durch das vorhergehende Stupfen entstandenen kleinen Unebenheiten restlos beseitigt sind. Das mehrmalige Auftragen des Bologneser Kreidegrundes ist aus verschiedenen Gründen wichtig: würde man mit nur einmaligem Auftrag arbeiten, könnte der Grund nicht gut durchtrocknen, er würde splittern und die Form zu sehr verändern. Durch die drei- oder viermaligen Arbeitsgänge wird genügend Grund aufgetragen (ca. 1 mm), so daß der nachfolgende Schleifvorgang problemlos durchgeführt werden kann.

Am meisten bewährt es sich, wenn man jede Schicht ein klein wenig antrocknen läßt und ins Halbfeuchte die nächste aufträgt. Wenn man das nicht beachtet und zu lange trocknen läßt, können leicht Luftbläschen (Nissen) entstehen.

Den letzten Auftrag führt man mit dem Haarpinsel aus, damit die Fläche optimal glatt wird. Je mehr die obigen Anweisungen beachtet werden, desto weniger muß man später schleifen und desto schöner wird der Glanz des Goldes. Um diese Glätte zu gewährleisten, trägt man ziemlich satt auf. Bei den Stellen, die später matt vergoldet, also nicht poliert werden, taucht man den Pinsel in Wasser und arbeitet etwas flüssiger.

Handelt es sich um größere Flächen, die später mattvergoldet werden sollen, so lohnt es sich, etwas Arbeit einzusparen, indem man auf diesen Flächen weniger Kreidegrund-Schichten aufträgt. Das gleiche ist der Fall, wenn farbig gefaßt werden soll, was zumeist an Figuren vorkommt. Auch dabei reichen ein bis zwei Schichten Kreidegrund aus. Jedoch bei solchen Flächen, auf denen sich Glanz- und Mattgold oder Glanzgold und Farbe abwechseln, ist es sinnlos, mit wechselnder Anzahl von Schichten zu arbeiten.

Welch große Bedeutung dem Vorgang des Grundierens in der Praxis zukommt, kann man ermessen, wenn man ihn einmal unkorrekt ausgeführt hat. Gefährlich ist es auch, wenn man auf einen zu dick gewordenen Kreidegrund willkürlich Wasser nachgießt. Dadurch wird die Masse zwar dünner, aber es verringert sich der Leimanteil. Deshalb muß in einem solchen Fall unbedingt Leimwasser zugesetzt werden.

Nach der Grundierung läßt man das Werkstück sehr gut durchtrocknen, was mindestens 24 Stunden dauert.

4 Schleifen

Bei diesem Arbeitsgang zeigt sich gegenüber früheren Zeiten eine deutliche Verbesserung. Waren unsere Vorfahren in diesem schönen Gewerbe noch auf Schachtelhalme angewiesen, kann man heute auf diese verzichten und sich statt dessen der verschiedenen Schleifpapiere bedienen. Diese gibt es im Handel in den verschiedensten Körnungen, von denen die Vergolder die Nummern 100 und 150 verwenden. Logischerweise setzt man erst die gröberen und zum Schluß die feinsten Körnungen ein.

Man bereitet sich handliche Stücke des Schleifpapiers vor. Bei größeren, planen Flächen tut man gut daran, einen Schleifblock aus Kork zu verwenden, über den man das Schleifpapier legt. Je nach Art und Aussehen des Werkstückes schleift man gerade in verschiedenen Richtungen oder auch kreisend. Dabei bläst man immer wieder den entstandenen Staub ab.

Auf ebenen Flächen erweist sich ein trockenes Schleifen meist als schwierig, weshalb man auf das Naßschleifen zurückgreift. Dies geschieht vor allem dann, wenn man nachträglich gravieren oder die Goldfläche als Malgrund verwenden will. Dazu benutzt man ein Naßschleifpapier in der Art, wie es bei den Autolackierern im Einsatz ist. Die Nummern 150, 240, 320 erweisen sich als die besten.

Man legt das zurechtgeschnittene Schleifpapier-Blättchen ins Wasser und schleift mit dem nassen Papier in kreisenden Bewegungen. Wenn die Fläche extrem glatt sein soll, zieht man mit einem Japanspachtel ab. Notfalls muß man den Vorgang so lange wiederholen, bis sich keine Unebenheiten mehr zeigen. Mit trockenem ›finish‹-Papier schleift man schließlich nach und staubt das Werkstück gut ab.

Selbst bei immer gleichbleibender Rezeptur des Kreidegrundes und gleicher Art des Auftrages ist der Grund bei mehreren Arbeiten nie ganz identisch. Man muß das Schleifen daher stets sehr feinfühlig ausführen. Besonderes Augenmerk ist den Kanten zu widmen. Auf diesen liegt naturgemäß der wenigste Kreidegrund, und dieser schleift sich hier auch am schnellsten ab. Deshalb muß an den Kanten mit äußerster Vorsicht geschliffen werden; keinesfalls darf das Holz durchkommen.

An Stellen, wo die Form verändert ist, holt man mit dem Gravierhaken den Grund aus den Vertiefungen heraus. Wie wir schon bei der Aufstellung des Werkzeuges gehört haben, gibt es runde, spitze und gerade Haken, die je nach der Form des zu Reparierenden eingesetzt werden. Die Rapariereisen verwendet man nach getaner Arbeit schließlich noch, um die Rückseite des Werkstückes zu säubern, selbst wenn diese unsichtbar bleibt. Auch Schleifpapier kann dafür eingesetzt werden. Mit einem sauberen Abstauber reinigt man das Werkstück von Staubpartikeln. Damit dieser auch stets ganz sauber ist, wäscht man ihn ab und zu mit Seife oder Schmierseife aus.

5 Das Löschen des Grundes

Dieser Arbeitsgang bezweckt eine Verringerung der Saugfähigkeit des Kreidegrundes. Man hat dabei zwei Möglichkeiten: Entweder man stellt eine **Schellack-Lösche** her oder aber eine Lösche mit gelbem (in selteneren Fällen auch andersfarbigem) Poliment (Polimentleimlösche). Die meisten Vergolder ziehen die Leimlösche vor, weil sie weniger problematisch ist. Macht man nämlich die Schellack-Lösche zu stark, so sperrt sie den Grund zu sehr ab und nimmt ihm damit jede Saugfähigkeit.

Man stellt die **Leimlösche** nach dem angegebenen Rezept (S. 97) her und trägt sie in erwärmtem Zustand (Wasserbad) mit einem Borstenpinsel dünn und gleichmäßig auf. Man achte darauf, daß sich in den Vertiefungen nicht zu viel Material ansammelt!

Die gelbe Leimlösche wird prinzipiell überall dort aufgetragen, wo später sowohl glanz- als auch mattvergoldet werden soll. Arbeitet man z. B. an einer Figur, die besonders tiefe Einschnitte (z. B. am Faltenwurf) aufweist, so trägt man bis in diese hinein die gelbe Leimlösche auf. In den meisten Fällen gelangt man mit dem Goldanschießen nicht bis zum tiefsten Punkt; wenn dieser aber mit dem gelben Farbton der Leimlösche bedeckt ist, so fällt das Fehlen des Goldes weniger oder gar nicht auf. Aus Ersparnisgründen kann man auch heute noch so verfahren, wie es die Vergolder früherer Jahrhunderte getan haben; d. h. man beläßt bei Figuren die Rückseiten der Falten unvergoldet und bedeckt sie mit der gelben Leimlösche. Dies vor allem dann, wenn die Figur immer am gleichen Platz stehenbleibt und die unvergoldeten Stellen nicht einsehbar sind (z. B. in Kirchen). Ebenso verfährt man bei Bilderrahmen; deren Schmalseiten werden in den allermeisten Fällen auch nicht vergoldet, sondern man läßt entweder die Leimlösche stehen oder bestreicht die entsprechenden Stellen mit gelber Farbe (bei Versilberung mit grauer Farbe).

Stellen, die später mattvergoldet werden sollen, werden ›ausgeleimt‹, d. h. mit Leim nach unserem Leimrezept Nr. 4 (S. 95) überzogen. Der Auftrag des Leimes erfolgt sehr dünn und gleichmäßig mit dem Haarpinsel. Das Werkstück muß anschließend gut durchtrocknen, ehe man zum nächsten Arbeitsgang übergeht.

6 Polimentieren

Die nun folgenden Arbeitsgänge sind so anspruchsvoll, daß selbst erfahrene Vergolder zuerst eine Probe machen, ehe sie sich an das ganze Werkstück heranwagen. Die Probe besteht aus vier Arbeitsgängen: 1. dem Löschen des Kreidegrundes, 2. dem eigentlichen Polimentieren, 3. dem Anschießen des Goldes und 4. dem Polieren.

Erst wenn die Probe zur Zufriedenheit ausgefallen ist, d. h. wenn sich das Gold anstandslos nicht nur anschießen, sondern auch polieren läßt, wird das Werkstück polimentiert.

Auch hier stellen sich zwei divergierende Methoden zur Wahl: die Polimentierung mit Eipoliment (siehe Rezept S. 95 f.) oder die Polimentierung mit Leimpoliment (siehe Rezept S. 97). Welche der beiden angewandt wird, ist regional oder von Werkstätte zu Werkstätte verschieden.

Das **Leimpoliment** hat bestimmte Vorteile. Einerseits ist es einfacher herzustellen als das Eipoliment, weil dafür kein geschlagenes Eiweiß benötigt wird; zum anderen fällt die lange Zeit (2 bis 3 Wochen) weg, die das Eipoliment stehen muß, ehe es verwendet werden darf. Leimpoliment kann man nach dem Anrühren unmittelbar verwenden.

Das **Eipoliment** hat aber den Vorteil, daß das aufliegende Gold einen tieferen und dauerhafteren Glanz erhält als dasjenige, das auf Leimpoliment angeschossen worden ist.

Beide, das Leim- wie auch das Eipoliment, werden mit einem Haarpinsel sehr gleichmäßig dünn aufgetragen. Dabei achte man sorgfältig auf den Pinselstrich, der auf keinen Fall wild in alle Richtungen hin- und herfahrend sein darf, sondern das Ergebnis von schönen, zügigen, gerade ausgerichteten Bewegungen sein muß. Vor allem dürfen keinen ›Pfützen‹ in den Vertiefungen stehenbleiben. Die Pinsel, die man für diese Arbeit benutzt, sollte man keinem anderen Zweck zuführen. Sie müssen absolut sauber, öl- und fettfrei bleiben.

Diesen Arbeitsgang führt man zwei- bis dreimal durch, wobei man jeweils Trockenzeiten einschiebt. Diese betragen je nach Raumtemperatur ca. eine Viertelstunde.

In den meisten Fällen wird man das **rote Poliment** einsetzen, das für diese Methode am gebräuchlichsten ist und auf dem das Gold am leuchtendsten zu stehen kommt. In den Vertiefungen allerdings läßt man, wie schon erwähnt, die gelbe Leimlösche stehen und verzichtet darauf, diese mit dem roten Farbton zu überziehen. Ebenso verfährt man bei jenen Stellen, die später matt vergoldet werden sollen. Auch sie erhalten keinen Überzug von rotem Poliment, sondern bleiben gelb stehen. Das vor allem deshalb, um nicht durch eventuell auftretende winzige Risse den ›falschen‹ Farbton durchscheinen zu lassen.

Beim Auftragen des Poliments muß man extrem vorsichtig arbeiten; bei jedem Auftragen ist peinlichst genau darauf zu achten, daß die vorangegangene Schicht nicht durch den Pinselstrich weggerieben wird. Wenn sich bei aller angewandten Vorsicht die vorangegangene Polimentschicht doch löst, so ist das ein Zeichen dafür, daß das Poliment zu schwach geleimt worden ist. Dann erweist sich ein Nachleimen als nötig, das mit verdünntem Hasenhautleim (Rezept Nr. 4) durchgeführt wird. Im Anschluß daran muß noch einmal polimentiert werden.

Ist das Werkstück nach diesen Arbeitsgängen gut getrocknet, so bürstet man es mit einer Polimentbürste ab. Diese muß besonders sauber sein; anderenfalls ist es besser, man verzichtet auf das Abbürsten.

> **Auf keinen Fall darf man in die polimentierte Fläche mit den Fingern hineingreifen.**

Das Werkstück ist unbedingt staubfrei zu halten; d. h., man darf es sich in dieser Arbeitsphase nicht etwa einfallen lassen, nebenher ein weiteres Stück zu schleifen oder Schleifstaub zusammenzukehren.

> **Jede Staubentwicklung muß unter allen Umständen vermieden werden.**

> **Ist man gezwungen, das polimentierte Werkstück längere Zeit liegenzulassen, ehe man das Anschießen des Goldes durchführt, deckt man es mit einem sauberen Tuch zu.**

7 Das Auflegen der Goldblättchen, das sogenannte ›Anschießen‹

Für diesen wesentlichen Arbeitsgang ist es notwendig, daß der Arbeitsraum, wenn irgend möglich, keinerlei Zugluft aufweist, ansonsten würden die feinen Goldfolien davonfliegen. Also bitte Fenster und Türen schließen, laufende Heizlüfter ausschalten und sich zur Seite wenden, wenn man husten oder niesen muß!

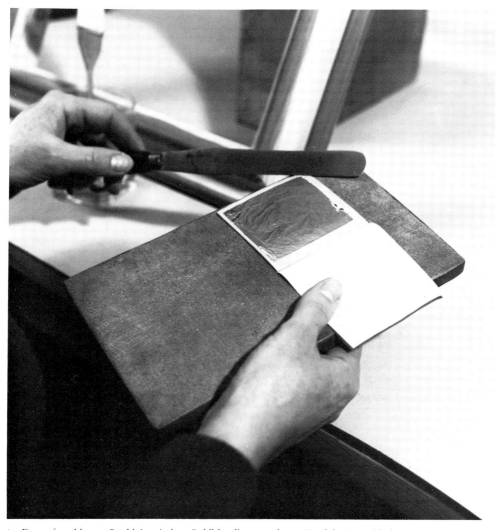

1 Das aufgeschlagene Büchlein mit dem Goldblatt liegt am oberen Rand des Vergolderkissens.

2 Mit dem Vergoldermesser hebt man das Goldblättchen aus dem Heft heraus und hoch.

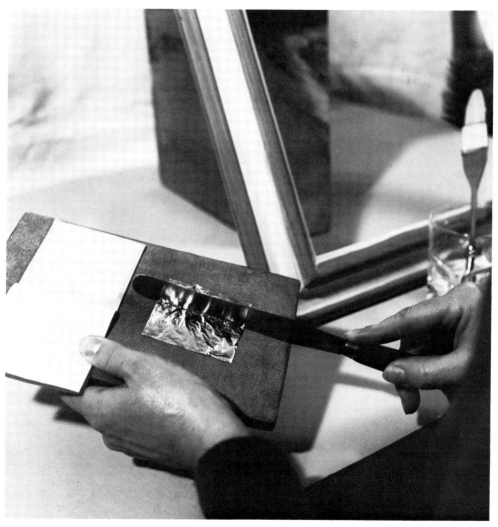

3 Mit dem Vergoldermesser teilt man das Goldblättchen in die gewünschten Stücke. Der Anschießer
   mit Klemme und Netzer steht zur Rechten in dem mit Netze gefüllten Glas.

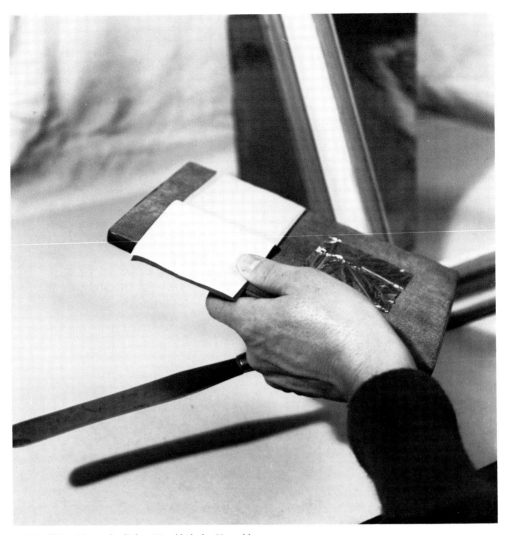

4   Der kleine Finger der linken Hand hält das Vergoldermesser.

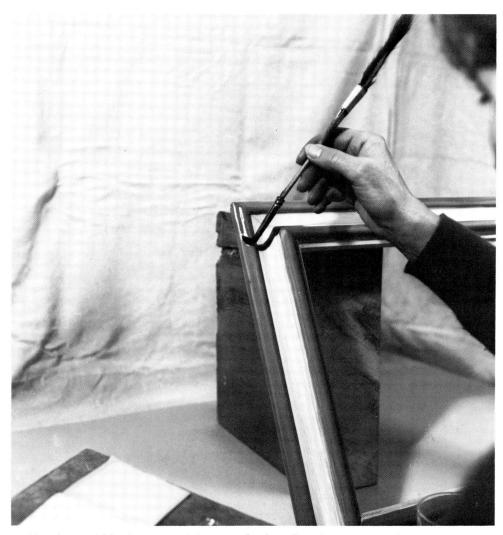

5   Die rechte Hand führt den Netzer mit der Netze über den polimentierten Gegenstand.

6 Mit dem Anschießer streicht man leicht über den eingefetteten linken Handrücken. Das Messer ist am linken kleinen Finger eingeklemmt.

7   Mit dem leicht eingefetteten Anschießer nimmt man das Goldblättchen auf.

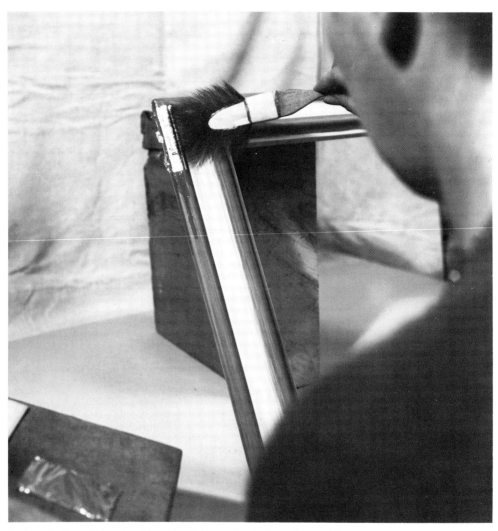

8 a, b   Man legt mit dem Anschießer das Goldblättchen in die noch nasse Netze.

8 b

Das Anschießen ist eine Arbeit, die viel Übung erfordert. Schon das Zuschneiden der Folienstückchen muß mit Bedacht geschehen. Lassen Sie sich nicht entmutigen, wenn es beim ersten Mal nicht recht klappen will – Routine ist etwas, das sich erst mit der Zeit einstellt. Den unmittelbar dem eigentlichen Anschießen vorangehenden Arbeitsgang, das Auftragen der Netze, führt man jeweils nur an kleinen Partien durch – nicht mehr, als man in einem Arbeitsprozeß vergolden kann. Das hat seinen Grund darin, daß die alkoholhaltige Netze rasch eintrocknet und das Gold nicht auf Dauer darauf haftet.

Eine besondere Eigenheit der Vergoldertechnik besteht in dem Umstand, daß man zwar absolut fettfrei arbeiten und auch das Werkzeug in fettfreiem Zustand halten muß, zu einem ganz bestimmten Zeitpunkt jedoch eine minimale Spur an Fett benötigt. Dieser Zeitpunkt ist dann gekommen, wenn man mit dem Anschießer versucht, ein Goldfolienteil aufzunehmen und auf das Werkstück anzuschießen. Wenn man diesen Vorgang ausprobiert, wird man zunächst feststellen, daß die Goldfolie nicht am Anschießer haftet. Diesem Mißstand hilft man dadurch ab, daß man dem Anschießer die erwähnte minimale Fettmenge zuführt. Das geschieht entweder, indem man sich mit dem Anschießer einmal über die Haare fährt oder indem man eine kleine Menge Fettcreme auf den Ballen der linken Hand aufträgt und mit dem Anschießer jedes Mal über diese Stelle streicht. Die dabei aufgenommene Fettmenge reicht vollends aus, um das Gold am Spezialpinsel haften zu lassen.

Man nimmt das **Vergolderkissen** in die linke Hand. Wenn an der Unterseite eine Schlaufe befestigt ist, steckt man die Hand dort durch. In den kleinen Finger der gleichen Hand klemmt man auch das Vergoldermesser ein, damit man die rechte Hand frei behält.

Das Büchlein mit den Goldfolien legt man an den oberen Rand des Vergolderkissens. In nächster Nähe der arbeitenden rechten Hand steht ein (nicht kippendes!) Glas mit der **Netze.** Das kann ein gewöhnlicher unverdünnter Obstschnaps sein oder eine Mischung von 1 Teil 96-prozentigem, denaturalisiertem Spiritus und 2 Teilen möglichst destilliertem Wasser. Im Mittelalter verwendete man als Netze auch stark mit Wasser verdünntes Eiklar.

Wenn sich beim Netzen die Polimentierung etwas löst, so ist das ein Zeichen dafür, daß die Netze ein wenig zu schwach ist. Man kann dem aber abhelfen, indem man der Netze einige Tropfen Hasenhautleim zusetzt.

Im Schnaps steht der Netzer, der zusammen mit dem Anschießer auf der Klemme befestigt ist. (Nun erweist es sich als praktisch, wenn man sich jenes kleine Gerät gebastelt hat, das zwei Pinsel in sich vereinigt.)

114

Man schlägt nun das Büchlein auf und nimmt das Vergoldermesser in die rechte Hand. Wir betonen noch einmal, daß dieses Messer absolut fett- und schartenfrei sein muß, weil sonst die zarten Goldfolien einreißen. Mit diesem Messer fährt man unter das noch im Büchlein liegende Goldblättchen bis ungefähr zur Hälfte, hebt es hoch und legt es, möglichst ohne daß es knittert, auf das Vergolderkissen.

Wenn doch kleine Knitterstellen vorhanden sind, bläst man vorsichtig genau in die Mitte der Folie, wobei man darauf achten muß, daß kein Speichel austritt. Jedenfalls muß die Folie glatt auf dem Kissen aufliegen. Dann zerschneidet man sie in einzelne Stücke. Deren Größe und Form richtet sich nach den Ausmaßen der zu vergoldenden Fläche. Auf keinen Fall sollten die Einzelstücke zu groß sein, weil man sie dann – und das gilt vor allem für Anfänger – nur sehr schwer transportieren und anschießen kann. Besser ist es, mehrere kleine Stückchen anzuschießen, die sich auf dem Werkstück **leicht überlappen** sollen. (Solche Anschußstellen werden später sichtbar.) Nach dem Zerschneiden des Blättchens klemmt man das Messer wieder in den Finger der linken Hand ein.

Nun trägt man mit dem Netzer die Netze auf die mit Poliment bedeckte Stelle auf. In die noch **nasse** Netze wird das Gold angeschossen. Wartet man damit zu lang und ist die Netze bereits angetrocknet, haftet das Gold nicht. Vor allem Anfänger tun sich da erfahrungsgemäß etwas schwer, erwerben sich aber mit jedem Stückchen angeschossener Goldfolie mehr und mehr Routine. Mit dem Anschießer fährt man, wie schon erwähnt, leicht über den schwach eingefetteten Handrücken bzw. Ballen der linken Hand oder über die Haare und nimmt das erste Goldblättchen auf. In demselben Moment, da das Gold in unmittelbare Nähe des mit Netze bedeckten Poliments gelangt, zieht diese das Gold an (daher der Ausdruck ›anschießen‹). Aus Ersparnisgründen wird man versuchen, die nachfolgenden Goldteile so auszuwählen, daß sie in der Größe gut der Form des Werkstückes entsprechen und sich leicht überlappen.

Auftretende kleine Fehlstellen bessert man mit entsprechend geformten Blättchen sofort aus.

> **Vergoldet wird immer von oben nach unten, denn die Netze darf nicht in die schon vergoldeten Bereiche rinnen.**

Der Netzer steht, wie schon erwähnt, in dem mit Netze gefüllten Glas. Erst wenn die Arbeit beendet ist, wird er dort herausgeholt. Geschieht das nicht, so ist ein Verbiegen der feinen Härchen die Folge.

Solange es sich um das Anschießen auf ebenen Flächen handelt, ist die Arbeit verhältnismäßig einfach, wenn sie auch eine gewisse Routine erfordert. Schwieriger wird es bei starken Vertiefungen, die man natürlich nicht mit einem einzigen Blättchenteil vergolden kann, weil sich dieses wie eine Membran über die Vertiefung legt und reißt, sobald man den Anschießer auftupft. Hier muß von mindestens zwei Seiten aus vorgegangen werden, wobei man die Blättchen nach Möglichkeit so anschießt, daß sie bis zum tiefsten Punkt reichen.

Aus diesen Anleitungen wird deutlich, wie **wichtig** die Qualität und der Zustand des Werkzeuges ist. Der Leser wird während des eigenen Arbeitens feststellen, wie sehr es sich als nötig erweist, das Gerät dem Vorgang des **Schleifens** bzw. des **Reinigens** zu unterziehen. Beim Messer wird so vorgegangen, daß man mit feinem, abgeschliffenem, fettfreiem Schleifpapier vorsichtig über die Kanten schleift und das Messer anschließend auf einem fettfreien Stück Stoff säubert. Schon die geringste Scharte läßt die Goldblättchen am Messer festhaften. Das Messer darf man stets nur am Griff anfassen.

Auch das Kissen muß von Zeit zu Zeit gesäubert werden. Das geschieht mit feinstem Schleifpapier, dem sogenannten ›finish‹. Auf jeden Fall muß das Vergolderkissen stets vollkommen fettfrei sein, weshalb man es niemals mit den Händen berühren und es stets nur am Rand anfassen sollte. Gelegentlich bestäubt man das Kissen mit etwas Federweiß oder Puder und klopft es anschließend gut ab.

Beim Anschießer müssen die Haare immer gleichmäßig liegen. Von Zeit zu Zeit wäscht man sie sehr vorsichtig mit etwas Haarschampon. Anschließend werden die Haare ebenso vorsichtig gekämmt.

8   Das Polieren

Ca. 2 bis 3 Stunden nach dem Anschießen des Goldes (je nach Raumtemperatur) kann man die glanzvergoldeten Stellen mit dem Achatstein polieren. Wenn irgend möglich, sollte diese Zeit eingehalten werden; d. h., es sollte ›in Saft‹ poliert werden, wie der Fachausdruck besagt. Durch das Netzen werden Kreidegrund und Poliment etwas feucht und damit elastisch. Sobald sie ausgetrocknet sind, geht diese Elastizität verloren, was für das Polieren von großem Nachteil ist.

Unbedingt sollte man von Zeit zu Zeit eine Probe machen: Man klopft mit dem Achatstein (Achatseite) leicht auf die vergoldeten Stellen. Wenn dabei ein dumpfer Klang ertönt, sind sie noch feucht; der Klang wird immer heller, je trockener der Grund geworden ist. Es ist von großer Wichtigkeit, den richtigen Zeitpunkt zum

116

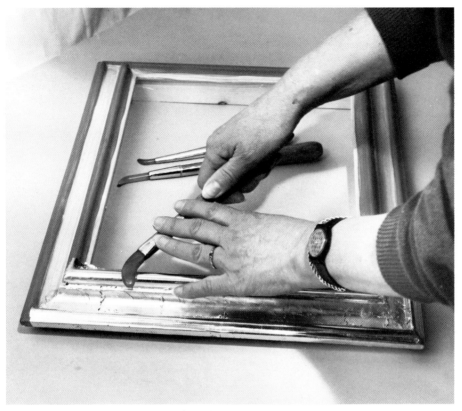

9 Das Polieren des Goldes mit dem Achatstein

Polieren abzupassen. Poliert man zu früh, bleibt der Achatstein stecken, und man muß den Vorgang sofort abbrechen, um keinen größeren Schaden anzurichten. Poliert man jedoch zu spät, ist, wie schon erwähnt, der Grund fallweise bereits zu hart geworden.

Zum Polieren sucht man sich den Achatstein aus, der in der Form am geeignetsten ist. So wird man für ein kleineres Werkstück einen eher zierlichen und stärker gebogenen Achatstein verwenden und für ein größeres einen eher derb geformten.

Sollte sich während des Polierens auch nur der geringste Kratzer im Gold zeigen, muß man den Stein prüfen. Erst einmal wird man ihn einer sorgfältigen Reinigung unterziehen; stellt man fest, daß der Stein einen Kratzer aufweist, kann man ihn selbst schleifen. Man bereitet sich dazu eine Unterfläche aus Leder, bestreut diese mit Bimssteinmehl oder Rubinpulver und reibt den Achatstein so lange darauf hin und her, bis die Kratzstelle abgeschliffen ist. Wichtig bei diesem Vorgang ist, daß auf festem Untergrund gerieben wird.

Beim Polieren achte man darauf, daß man gleichmäßig arbeitet, d. h. mit gleichbleibendem, nicht zu geringem Druck, und daß man bei größeren ebenen Flächen nicht etwa Rinnen erzeugt. Bei lebhaft Geformtem muß sich die Bewegung des Achatsteines ganz der Form anpassen. Auf jeden Fall muß die Fläche glatt und hochglänzend werden. Das Polieren ist ein Arbeitsgang, der große Routine erfordert. Lassen Sie sich deshalb nicht gleich entmutigen, wenn das erste Stück nicht recht gelingen will.

Einen Trick wollen wir Ihnen gern verraten, den viele Berufsvergolder anwenden: Wenn der Polierstein nicht gut genug gleiten will, kann man sich mit einem feinen Haarpinsel über den eingefetteten Handballen fahren und mit diesem Pinsel leicht über das Vergoldete streichen. Ordnet man Glanz- neben Mattgold an, so ist es sehr wichtig, letzteres beim Polieren auszusparen, was mit genauen Abgrenzungen geschehen muß. Man sollte daher bei den Übergängen ganz besonders vorsichtig polieren und nicht mit dem Achatstein aus Versehen in die matten Stellen hineinfahren.

Durch die geringe Dicke der Goldfolie kann der rote Bolusgrund durchschimmern, was absolut nicht als Fehler empfunden wird; gleiches gilt für die Tatsache, daß man den ›Schuß‹, d. h. die Überlappung der benachbarten Goldfolien sieht. An diesen Stellen liegen zwei Goldblättchenteile übereinander. Geübte Vergolder schießen deshalb die zurechtgeschnittenen Folienblättchen so an, daß die Schüsse ein gefälliges Bild ergeben, d. h. sie schneiden die Goldblättchen schon in entsprechender Weise zu. Wenn man sich z. B. an einer Rahmenleiste versucht, wird man darauf achten, die Schüsse in einigermaßen regelmäßiger Abfolge unter- und nebeneinander zu setzen. Das bedingt ein stets gleiches Zuschneiden der Goldfolien.

Vielen Stücken, die man vergoldet, möchte man gern ein ›antikes‹ Aussehen geben. Es wäre aber völlig falsch, würde man ›antikisierend‹ mit ›schlampig‹ gleichsetzen, denn, wie wir im historischen Überblick gehört haben, hat man in der Vergangenheit mindestens genau so penibel gearbeitet wie heute. Es muß daher beim ›Antikisieren‹ ebenso präzise und sauber vergoldet werden wie an einem Stück, dem man die ›Neuheit‹ ansieht.

Das **Antikisieren** geht so vor sich, daß man nach dem vollständigen Anschießen der Goldfolie ein Tuch zur Hand nimmt, auf das man etwas Terpentin geträufelt hat. Mit diesem Tuch reibt man das Gold dann äußert vorsichtig ab.

118

9 Das Ab- oder Einkehren

Man wischt mit einem Wattebausch sehr vorsichtig alle überstehenden Goldteilchen ab. Diesen Vorgang kann man ebenso gut auch mit einem feinen Haarpinsel durchführen. In beiden Fällen muß auf größte Sauberkeit geachtet werden.

Trotz aller Vorsicht kann es gelegentlich vorkommen, daß sich eine kleine Stelle des angeschossenen Goldes löst. Diese Fehlstelle bessert man aus, indem man sie und die allernächste Umgebung mit der Netze bestreicht, nochmals Gold anschießt und nach der erforderlichen Wartezeit erneut poliert. Dabei gilt, was bereits weiter oben ausgeführt wurde; poliert werden nur die glanzvergoldeten Stellen, nicht die mattvergoldeten Partien.

Derartige zusätzliche Arbeitsgänge, d. h. Netzen, ein zweites Goldanschießen und Polieren, führt man auch dann durch, wenn man das Durchschimmern des Bolus vermeiden will. (Dieses Verfahren ist dann die gegenteilige Methode zum Antikisieren.)

10 Das Zaponieren (= Überziehen mit Zaponlack)

Das Zaponieren ist der letzte Arbeitsgang, der nicht unbedingt durchgeführt werden muß, aber ratsam ist. Zaponlack ist ein heller und klarer Lack, den man mit Nitroverdünnung verdünnt. Der Lack muß auf jeden Fall so dünn aufgebracht werden, daß er praktisch unsichtbar ist. Zaponlack wird sowohl über glanz- als auch über mattvergoldete Stellen aufgetragen. Zweck der Zaponierung ist es, die Vergoldung widerstandsfähiger gegenüber äußeren Einwirkungen zu machen.

Wenn alle diese Arbeitsgänge durchgeführt sind, bestreicht man die Abseiten des vergoldeten Gegenstandes, also z. B. bei Rahmen die Schmalseiten oder bei Figuren die Rückseite, in gelber (bei Anwendung von Gold) oder grauer Farbe (bei Anwendung von Silber).

Alles, was wir über die Vergoldung auf Holz gesagt haben, gilt gleichermaßen auch für andere saugende Materialien wie z. B. Stuck, Ton und Gips. Wenn auf den genannten Materialien die Saugfähigkeit besonders ausgeprägt ist, muß man die Leimtränke etwas stärker anlegen. Bei geringer Saugfähigkeit soll die Leimtränke eher schwach sein.

Polimentvergoldung auf nicht-saugenden Gründen wie z. B. Eisen, Lackierung, Ölfarbenanstrich usw. ist zwar möglich, aber nicht ratsam. Will man sie dennoch ausführen, so überzieht man den Grund zwei- bis dreimal mit Schellack, bis er glänzt. Beim vierten Auftrag wird ins Nasse hinein weißer Kreidegrund aufgetupft, wonach man dann sehr gut trocknen läßt. Alles weitere wird wie bei der Beschreibung für Holzgrund gehandhabt. Die Technik der Polimentvergoldung auf nicht-saugenden Gründen braucht viel Erfahrung, weil die Gefahr des Abplatzens groß ist.

11 Die Poliment-(Weinbrand-)Mattvergoldung auf Holz, Stuck, Gips und Ton

Diese Art der Vergoldung bzw. Versilberung wird bis auf wenige Einzelheiten in gleicher Weise ausgeführt wie die Polimentglanzvergoldung. Der Unterschied ist, kurz gesagt, folgender: Unter dem Mattgold steht die ausgeleimte Lösche (also ein gelber Farbton), während unter dem Glanzgold die Lösche und das rote Poliment stehen. Das heißt, in der Regel wird zur Erzielung von Mattgold nicht polimentiert, da ja das Polieren wegfällt.

Hat man für ein und dasselbe Werkstück sowohl Glanz- als auch Mattgold vorgesehen, so führt man alle Vorarbeiten bis auf die oben genannten für das gesamte Werkstück in gleicher Weise aus, d. h. man schießt auch das Gold zugleich an. Dann werden die matten Stellen noch einmal ›niedergenetzt‹; d. h. wenn das Gold angeschossen worden und das Werkstück wieder getrocknet ist, gibt man in die Netze einige Tropfen Hasenhautleim und streicht die so entstandene Mischung mit feinem Haarpinsel auf das Gold auf. Danach kehrt man ein und schießt eventuelle Fehlstellen nach.

Damit das Gold gleichmäßig matt wird, kann man es mit verdünntem **Hasenhautleim** (Rezept Nr. 4, S. 95) ausleimen, den man dünn und gleichmäßig aufstreicht. Um das Gold griffester zu machen, überzieht man es mit dünnem Zaponlack. Will man aus irgendeinem Grund nur Mattgold anwenden, erübrigen sich die für das Glanzgold notwendigen Kreidegrundaufträge. Man kann mindestens zwei von ihnen einsparen.

120

28 Gustav Klimt, Die Musik, 1895. Öl und Goldauflage auf Leinwand, 37 × 44,5 cm. Bayerische Staatsge-
mäldesammlungen, Neue Pinakothek, München. (c) Galerie Welz, Salzburg. (Foto: Arthotek, Planegg)

◁ 27 Vergoldete Ornamentik an einer Jugendstilhausfassade von Otto Wagner: Miethaus, Linke Wienzeile 38,
1898/99. Aus: Raum und Wirklichkeit. Wien 1870–1930, hrsg. von Robert Waissenberger, (c) Residenz
Verlag, Salzburg und Wien. (Foto: Elfi Tripamer)

29 Peter Holme, BOAS, 1976. Gold auf Holzgrund, 130 × 95 cm. Privatbesitz ▷

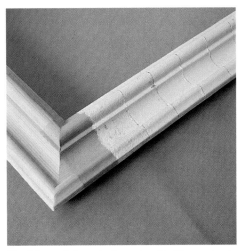

30 Schematischer Aufbau der Kreidegründe für Polimentvergoldung

31 Schematischer Aufbau der Polimentierung, Vergoldung und Versilberung

32 Das Polieren des angeschossenen Goldes

33 Detailansicht eines klassizistischen Bilderrahmens. Museum Ferdinandeum, Innsbruck

34 Auf das bereits vergoldete und grundierte Werkstück wird das gebrochene Weiß aufgetragen

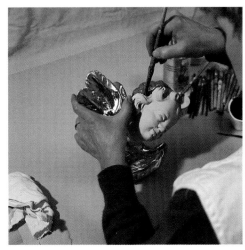

35 Auftragen der Haarfarbe, nicht ganz bis zum Inkarnat

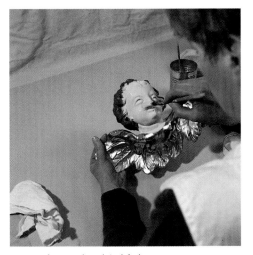

36 Auftragen der Fleischfarbe

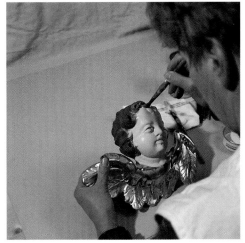

37 Einarbeiten der Haare in die Fleischfarbe

38 Einarbeiten des Wangenrots

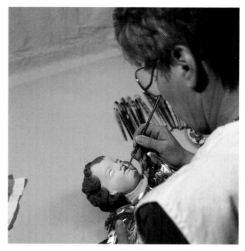

39 Auftragen der Lippenfarbe. Das Weiß der Augen
    wurde bereits ausgeführt

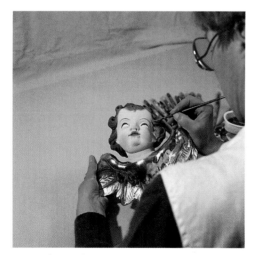

40 Auftragen des Lidstriches und der Brauen

41 Das Malen der Augen

42 Endkorrektur des Farbauftrags

43 Der Engelskopf mit Pinselmaterial vor dem
    Patinieren

44 Der Engelskopf beim Patinieren

45 Das fertige Werkstück

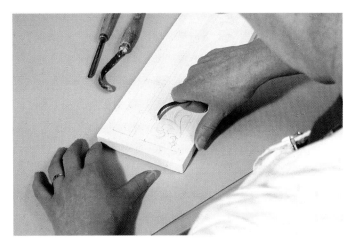

46 Das Gravieren auf dem bereits grundierten, mit der Zeichnung versehenen Werkstück

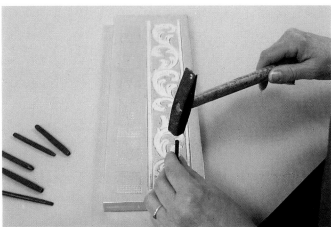

47 Punzieren der bereits vergoldeten und gravierten Fläche

48 Musterbrett mit schraffierter, trembolierter und punzierter Gravur

12 Die Polimentglanz- und Mattversilberung auf Holz, Stuck, Gips und Ton

Die Arbeitsgänge der Polimentglanz- und Mattversilberung auf Holz sind im wesentlichen die gleichen wie bei der Polimentglanz- und Mattvergoldung, einschließlich das Polimentierens. Auch das rote Poliment wird ›ausgeleimt‹, wie man in der Fachsprache sagt; d.h., es wird mit einer warmen Mischung von 1 Teil Hasenhautleim und 1 Teil Wasser überzogen. Bei diesem Arbeitsgang muß man auf ein gleichmäßiges Auftragen bedacht sein.

Um noch kurz beim Poliment zu bleiben: Früher hat man für Versilberungen häufig ein ganz dunkles, fast schwarzes Poliment verwendet, das auch heute noch für verschiedene Zwecke eingesetzt wird.

Das Anschießen der Polimentglanz- und Mattversilberung geht so vor sich, wie der Vorgang schon vorher beim Gold beschrieben wurde, allerdings mit einer Ausnahme: Da die Silberfolie wesentlich stärker ist als die Goldfolie, tut man gut daran, dem Anschießer eine Spur mehr Fett zukommen zu lassen, damit die Folie gut an ihm haftet. Aus diesem Grund bestreicht man sich den Handballen etwas stärker mit Fettcreme als beim Goldanschießen.

Bei Mattversilberungen kann man einige Minuten nach dem Anschießen die Silberfolie mit etwas Watte leicht andrücken.

Früher hat man manchmal auf die Polimentierung verzichtet, hat dafür den Kreidegrund stark ausgeleimt und direkt auf diesen versilbert, was allerdings nur für Mattsilber möglich ist.

Mattsilber unterscheidet sich vom Glanzsilber in der Herstellung dadurch, daß es weniger Kreidegrund-Schichten benötigt und nicht poliert wird. Auch hier gilt, wie beim Gold, daß die abwechselnde Anwendung von Glanz- und Mattsilber sehr schöne Wirkungen hervorruft.

Eines muß man bedenken: Nur echtes Silber ist polierfähig.

Will man sich das Silber in hellem Zustand erhalten, heißt das, daß man es vor der natürlichen Oxydation schützen muß. Man wird deshalb relativ bald nach dem Anschießen mit Zaponlack dünn lackieren. Soll das Silber hingegen ›auf antik getrimmt‹, d. h. mit einer leichten dunklen Verfärbung ausgestattet werden, so wartet man die natürliche Oxydation ab und überzieht zum gewünschten Zeitpunkt mit Zaponlack. Wenn das Warten zu lange dauert, kann man sich der Schwefelleber bedienen. Man kocht diese auf und hält den versilberten Gegenstand in gut schließendem Gefäß (Topf, Schachtel usw.) über den entstandenen Dampf. Der Geruch ist allerdings, da es sich ja um Schwefel handelt, bestialisch.

Eine andere Möglichkeit besteht darin, daß man die Silberfolien schon vor dem Anschießen oxydieren läßt. Alles, was wir über die Versilberung gesagt haben, gilt gleichermaßen sowohl für Holz als auch für alle saugenden Untergründe wie Stuck, Gips und Ton.

13   Gravieren, Schraffieren, Tremblieren, Punzieren und Radieren

Bei den Verzierungstechniken unterscheidet man
1   solche, die auf Kreidegrund durchgeführt und erst nachher vergoldet werden;
2   jene anderen, für die der fertige Gold- bzw. Silbergrund schon vorhanden sein muß.

Gravieren und Schraffieren

Diese Verzierungstechniken wurden in der Gotik häufig an Altarschreinen und an Gewändern von Skulpturen (oft in Form von Bordüren) angebracht. Auch Bilderrahmen hat man – und man tut dies noch heute – graviert und schraffiert. Analog zur Tafelmalerei gab man vielfach Brokatmuster wieder, die in früheren Jahrhunderten äußerst beliebt waren, wie z. B. das vielverwendete Granatapfelmuster, das oft graviert, in anderen Fällen auch gemalt worden ist.

Nicht nur in Europa pflegte man diese Verzierungstechniken; aus Japan z. B. kennen wir einen Schreibkasten aus dem 17. Jahrhundert, der reich und schön graviert ist.

Will man sich dieser Technik bedienen, so ist es nötig, erst einmal die Wahl des Musters und den Rapport, so vorhanden, zu bestimmen. Man macht auf Papier eine genaue Zeichnung, verfertigt dann von ihr eine Lochpause auf Detailpapier, d. h. man nimmt das Gezeichnete ab und sticht mit einer Nadel die Linien nach. Wichtig dabei ist, daß man eine weiche Unterlage (Tuch, Decke oder Styropor) benutzt.

Am Werkstück wird der Kreidegrund aufgetragen, wie bei der Polimentvergoldung beschrieben, allerdings mit einem Unterschied: Man trägt etwa 2 oder 3 Schichten mehr Kreidegrund auf als sonst üblich. Auf den vorbereiteten Grund paust man nach dem Schleifen das Muster mit einem Pausbeutel auf. Als Inhalt dieses Beutels bereitet man eine Mischung von etwas Zeitungspapierasche und Gips oder Kreide vor. Diese schüttet man auf ein kleines Fleckchen eines durchlässigen Stoffes, nimmt die vier Ecken zusammen und bindet sie ab. Die Mischung ist so zusammengestellt, daß sie sich vom Werkstück leicht wegblasen läßt, ohne Rückstände zu hinterlassen. Man legt das Papier mit der durchgestochenen Zeichnung auf das Werkstück und fährt mit dem Pausbeutel darüber, so daß die Füllung durch die winzigen Löchlein auf die Grundierung fällt. Damit hat man das Muster übertragen. Wenn man viel zu gravieren hat, kann man die feinen Linien mit dem Bleistift leicht nachziehen. Anschließend wird das Muster mit dem Gravierhaken herausgearbeitet (siehe Farbtafel 46).

Möchte man eine plastische Musterung erzielen, wie z. B. Blumen oder Ornamente, dann trägt man an den entsprechenden Stellen zusätzlich Kreidegrund auf, den man mit dem Gravierhaken, einem kleinen Messer oder Schnitzeisen entsprechend zurechtschabt (siehe Farbtafel 48).

Schraffieren heißt in unserem Fall, ›mit dem Gravierhaken parallele Linien aus dem Grund herausholen‹. Schraffuren sind eine beliebte und leicht durchzuführende Hintergrundgestaltung.

Tremblieren oft auch **Trembolieren** (von französisch trembler = zittern) ist eine Flächengestaltung, die man von den Graveuren in die Vergolderei übernommen hat. Es handelt sich dabei um eine Hin- und Herbewegung mit dem Hohl- oder Flacheisen.

Nachdem man den Grund graviert, schraffiert oder trembliert hat, schleift man ihn noch einmal leicht ab, um eventuelle Bleistiftstriche zu entfernen. Man kehrt oder bläst den entstandenen Staub ab und fährt mit der normalen Polimenttechnik fort, d. h. man löscht den Grund, trägt das Poliment auf, schießt das Gold an, poliert und kehrt ab. Die mattzuvergoldenden Stellen leimt man aus. Bei der gleichzeitigen Verwendung von Glanz- und Mattgold muß man, wie schon öfter erwähnt, besonders vorsichtig arbeiten und nicht mit dem Achatstein ins Matte hineinfahren.

Punzieren und Radieren

Bei diesen beiden Techniken wird erst das Gold aufgetragen; d. h. das Verfahren ist das gleiche wie bei der Polimentvergoldung, wobei man auch hier Glanz- und Mattgold abwechselnd auftragen kann.

Das Schwierigste am **Punzieren** ist heutzutage die Beschaffung der Punzen, die man kaum mehr käuflich erwerben kann. Gelingt es dennoch, so ergattert man noch am ehesten ein Stern-, Punkt- oder Ringmuster, das am unteren Ende des Punziereisens angebracht ist. Diese Motive kann man nach Belieben anwenden und kombinieren (siehe Farbtafel 47).

Man achte darauf, daß die Vergoldung noch etwas elastisch ist, setzt das Punziereisen auf der gewünschten Stelle an und klopft mit dem Hammer leicht darauf.

Radieren (auch Trassieren). Zur Ausübung dieser Verzierungstechnik benötigt man eine abgestumpfte Nadel, bei Zirkelschlag einen stumpfen Eisenspitz des Zirkels. Historische Beispiele von Radierung findet man in der Tafelmalerei an den Heiligenscheinen und auf feinen Ornamenten.

14   Lüstrierung und Waschgold

Lüstrierungen findet man häufig an Skulpturen vergangener Epochen, und da besonders an den Gewändern (auch Mantelfutter), zur Imitation von Edelsteinen an Gewandbordüren, an Bischofsmitren usw. Manchmal hat man kleine Blumenstreumuster in Lüstertechnik geschaffen, dies vor allem an Madonnengewändern, wo sie besonders kostbar wirken. Später hat man die Lüstertechnik z. B. zur Ausschmückung von Bilderrahmen eingesetzt.

Lüstrierung (von italienisch lustrare = aufhellen) bezeichnet das Auflegen von lasierenden Farben auf Metalle, wobei man früher in den meisten Fällen Silber, seltener Gold als Untergrund verwendet hat und auch heute noch verwendet. Das Ziel der Lüstrierung besteht darin, eine gewisse Farbigkeit mit metallischem Charakter zu erreichen.

Technisch gesehen geht man folgendermaßen vor: Man erzeugt eine Polimentversilberung, wobei sowohl Glanz- als auch Mattsilber möglich sind. Die brillantere Wirkung wird freilich bei der Glanzversilberung erzielt. Heute arbeitet man mit farblosem Lack, in den man die verschiedenen Ölfarben einmischt. Den roten Farbton erreicht man durch Krapplack, wobei man mit dem dunklen einen kräftigeren Ton erzielt als mit dem hellen. Für einen blauen Lüster nimmt man Pariserblau, wozu zu sagen ist, daß man ein richtiges Blau nur auf Silbergrau erhält; auf Goldgrund wird auch das Pariserblau grünstichig. Einen dünnen Ton erzielt man mit Chromgrün oder dann, wenn man Pariserblau mit Goldlack (Waschgoldfirnis) mischt.

Bei der Farbgebung halte man sich weitgehend an alte Vorbilder. Will man sich an einer Lüstrierung versuchen, muß man unbedingt zuerst Farbproben erstellen. Ist der Lack zu stark abgetönt, verdeckt er die Wirkung des Metallischen, das unbedingt durchschimmern muß, soll die Lüstrierung als solche zu erkennen sein.

Man trägt die Farbe sehr gleichmäßig auf und achtet darauf, daß keine Striche entstehen.

Waschgold ist ein etwas billigeres Surrogat für eine Polimentvergoldung. Es handelt sich um eine Polimentglanzversilberung, die man wie beschrieben durchführt. Darauf trägt man den Waschgoldfirnis (Gelblack oder Goldlack) sehr gleichmäßig auf. Auch Mattsilber kann als Untergrund verwendet werden, ergibt aber keine so brillante Wirkung.

Die Technik des Waschgoldauftrages stammt aus einer Zeit, da die Arbeitskosten niedriger waren im Verhältnis zum aufgewendeten Material. Waschgold wurde besonders in der Renaissance viel benutzt, z. B. bei bestimmten Ornamenten und für Rahmen, aber auch an den Gewändern von Skulpturen.

15 Vergoldung als Malgrund

Die Vergoldung als Malgrund einzusetzen, kennen wir schon aus der Gotik und da nicht zuletzt von den Tafelbildern, auf denen man meist sakrale Motive wiedergegeben hat. Der goldene Hintergrund verleiht den Darstellungen etwas Weltabgewandtes, Himmlisches, und trägt wesentlich dazu bei, daß den Gemälden ein ganz besonderes, weltabgerücktes Pathos eigen ist. Aber nicht nur ganze Hintergründe, sondern auch einzelne Details, wie z.B. Gewandbordüren, Geschmeide oder kleine, hervorzuhebende Pretiosen hat man in Gold gefaßt.

Bei der Anwendung von Gold auf Tafelbild-Hintergründen führt man zunächst die Vergoldung mit dem beschriebenen, gesamten Arbeitsaufbau (Kreidegründe usw.) aus. Dort, wo man später die Malerei anbringen will, spart man den Platz aus, weil Ölfarben auf Gold keine gute Haftung haben. Da man Gold nicht so konturengenau anschießen kann, schleift man die überstehenden Stellen ab. In den freien Raum setzt man die Malerei.

Derselben Technik bedient sich übrigens auch die Ikonenmalerei (Farbtafel 4).

Die Rahmengestaltung kannte Techniken der Malerei auf Gold, die vor allem dort eingesetzt wurden und auch heute noch eingesetzt werden, wo der Rahmen eine ebene Fläche aufweist. Der Phantasie sind dabei keine Grenzen gesetzt.

Eine spezielle Art des Radierens, die sich der Farbe bedient, ist folgende: der betreffende Gegenstand wird glanz- oder mattvergoldet und dann mit magerer Ölfarbe komplett überstrichen. Daraus werden die gewünschten Ornamente mit einem weichen Holzstäbchen oder einem kammartig zugeschnittenen Stäbchen herausgeholt. Die Musterung verläuft dabei parallel und ergibt eine Art Kammzug.

Eine umgekehrte Technik des Goldauftrages auf Farbe bedient sich der Schablone, eine Kunstfertigkeit, die übrigens schon seit der Romanik bekannt ist. Auch Neuromanik und Neugotik haben über alle Maßen dieses Verfahren gepflegt. Hierbei werden verschiedene Ornamente, wie z.B. Sterne, Blumen, Rankenwerk usw. auf speziellen Schablonenkarton oder gewöhnlichen Karton gezeichnet. Den letztgenannten muß man nach dem Schneiden mit Lack beidseitig überziehen,

134

damit er stabilen Halt bekommt. Die Form wird mit der Feder oder einem kleinen scharfen Messer ausgeschnitten. Die Negativschablone legt man auf den trockenen Gegenstand und streicht mit Mixtion über die ausgeschnittenen Teile. Nach der geforderten Trockenzeit schießt man das Gold – man kann auch Silber oder andere Blattmetalle verwenden – an. Das Ergebnis ist mitunter ein durchaus fabelhaftes: ein echtgoldener Stern, eine Blume auf gemaltem Grund.

Um goldene Ornamente plastisch wiederzugeben, kann man sich auch der Malerei auf Goldgrund bedienen. Man malt eher auf Matt- oder Ölvergoldung, da die Haftung der Farben hier besser ist. Dazu verwendet man Schattentöne wie Kasslerbraun, Umbra natur oder gebrannt. Es handelt sich hierbei um eine Art optischer Plastik, zu deren Herstellung man allerdings ein gerüttelt' Maß an Übung und Raffinesse benötigt. Sollte die Farbe auf dem Goldgrund schon beim Malen perlen, kann man vorher ein Netzmittel, wie z. B. Ochsengalle oder Speichel auftragen.

Selbst in der modernen Malerei findet sich gelegentlich der raffinierte Zusammenklang von Gold mit Farbe, wobei man mit viel Phantasie zu Werke geht, wie z. B. die prachtvollen Gemälde von Gustav Klimt bezeugen (Farbtafel 28). Auch zeitgenössische Maler bedienen sich noch zuweilen der magischen Wirkung des Goldes als Bildträger, dafür möge ein Bild von Peter Holme aus Mannheim ein treffliches Beispiel sein (Farbtafel 29).

16 Weißpoliment

Die Technik des Weißpolimentierens geht weitestgehend auf das Rokoko zurück, wo Schmuckteile wie z. B. Vasen und Ornamente, vor allem aber Skulpturen (Farbtafel 15) – man denke nur an die entzückenden kleinen Putten, die für diesen Stil so typisch sind – geschaffen wurden. Der Zauber dieser Verfahrensweise liegt in ihrer Porzellanähnlichkeit. Sie fügt ihr hochglänzendes Weiß im noblen Zweiklang dem Gold hinzu. Auch heute noch üben Fachleute diese Technik aus, die übrigens nicht so schwierig ist, wie die Resultate vermuten lassen.

Wichtig ist zunächst, daß das Werkstück trocken, staub- und fettfrei ist. Man trägt genau wie bei der Polimentvergoldung Kreidegründe auf, verzichtet aber dann auf das Löschen. Sehr wichtig ist der Vorgang des Schleifens. Auf den geschliffenen Grund wird das Weißpoliment aufgetragen und nach der Trocknung mit dem Achatstein poliert. Bei sämtlichen Arbeitsgängen muß auf peinliche Sauberkeit geachtet werden.

Man kann Weißpoliment ähnlich dem Gold in Glanz- oder in Matt-Technik herstellen, wobei eine Kombination von beiden eine besonders delikate Wirkung ergibt. So kann man z. B. an einer Putte das Gesicht glänzend, die Haare matt gestalten, oder an einem Mantel die Außenseite glänzend, das Innere aber matt. Will man Weißpoliment in Verbindung zu Gold setzen, führt man zuerst die Vergoldung durch. Überstehende Goldstellen schleift man ab.

Das Rezept für Weißpoliment ist folgendes: Man erwärmt 1 Teil gequollenen Hasenhautleim und 4 Teile Wasser im Wasserbad. Als Pigment kann man sich der im Handel erhältlichen Weißpolimenthütchen bedienen, die man fein verreiben muß. Man kann auch Titanweiß oder Lithopone verwenden, die man jeweils der Leimflüssigkeit beimengt. Diese Masse wird in einem ersten Durchgang dünn aufgetragen, was praktisch wie eine Lösche wirkt, und noch zwei- oder dreimal etwas dicker (aber ja nicht zu dick!). Es empfiehlt sich, eine Probe zu machen.

Man kann anstelle der angegebenen Mittel auch Kaseinfarbe wie z. B. Plaka verwenden. Der Auftrag erfolgt ansonsten wie oben beschrieben und muß sehr gleichmäßig sein. Welche Stoffe man auch verwendet, es ist stets möglich, das Weiß etwas zu brechen. Es gibt außer dem bisher genannten auch andersfarbige Polimente, z. B. das blaue oder schwarze Poliment, die man gleichfalls polieren kann.

17 Mordentvergoldung

Diese Art der Vergoldung wird auf groben Putzgründen, z. B. in der Theater- und Kirchenmalerei eingesetzt, wobei man sich das folgende Rezept zunutze machen kann: Man erwärmt im Wasserbad 50g Bienenwachs, 25g Leinöl und 25g Venezianisches Terpentin und trägt diese Mischung in noch warmem Zustand auf den Grund auf, der dafür nicht extra vorbereitet werden muß. In die noch warme Masse schießt man das Gold an. Es versteht sich dabei von selbst, daß man nur kleine Flächen in einem Gang bearbeiten kann, da die Mischung sehr rasch auskühlt und dann das Gold nicht mehr festhält. Nach ca. 1 bis 2 Stunden kann man das Gold einkehren und versäubern.

18 Arbeiten mit Blattmetallen in Mixtion-(Öl-) Technik auf Holz, Metall und anderen Materialien

Scheut man sich, eine Polimentvergoldung auszuführen, weil es sich um einen eher wertlosen Gegenstand handelt oder will man eine wetterfeste Vergoldung herstellen, dann ist die Mixtion-(Öl-)Vergoldung die geeignete Alternative zur Polimentvergoldung. Die Technik ist, da nicht so viele oder gar keine Kreidegründe und kein Poliment aufgetragen werden müssen, wesentlich einfacher und schneller durchführbar. Dennoch sind mit ihr, da auch sie mit echtem Blattgold ausgeführt wird, recht schöne Resultate zu erzielen, wenn auch der hohe Glanz der Polimentvergoldung ausbleibt.

Zur Mixtionvergoldung auf Holz ist folgendes zu sagen: sie wird z. B. bei Figuren, Rahmen usw. eingesetzt, wo sie durchaus reizvolle Wirkungen erzeugt. Der Arbeitsablauf geht so vor sich, daß man zunächst leimtränkt, fallweise (nicht unbedingt nötig) Bergkreide und dann ein- bis zweimal Bologneser Kreidegrund aufträgt. Man geht also zu Beginn so ähnlich vor wie bei der Polimentvergoldung, nur daß man den Grund auch etwas schwächer machen, d. h. ihm etwas mehr Wasser zusetzen kann. Nach dem Trocknen schleift man, bis der Grund sehr glatt ist.

Um die Imitation der Polimentvergoldung vollkommen zu machen, kann man den Grund in der Farbe des roten Poliments (also rotbraun) streichen (Kasein- oder Dispersionsfarbe). Man achte darauf, daß der Farbauftrag nicht zu dick erfolgt und keine Striche aufweist.

Auf diese Farbschicht trägt man einen sehr dünnen Überzug von Schellack auf, läßt trocknen und schellackiert noch weitere zwei- bis dreimal etwas dicker, bis der Lack glänzt. Der Grund muß jedenfalls gut abgesperrt sein, damit das Mixtion auf dem Grund obenauf liegt.

Inzwischen muß die Entscheidung gefallen sein, welches Mixtion oder Anlegeöl man verwendet – denn es gibt Präparate mit unterschiedlichen Trockzeiten von 3, 6, 12 oder 24 Stunden. Das Mixtion, das man im guten Fachhandel in Fläschchen zu kaufen bekommt, streicht man dünn und gleichmäßig auf. Je dünner der Auftrag ist, desto höher wird nachher der Glanz des Goldes sein.

Der Zeitangabe entsprechend schaut man früher oder später nach, ob das Anlegeöl schon bereit ist, die Goldfolien aufzunehmen. Der richtige Moment ist dann erreicht, wenn das Öl, fährt man vorsichtig mit dem Finger darüber, einen leicht quietschenden Ton von sich gibt. Auch bei dieser Technik ist es wichtig, den richtigen Zeitpunkt zu erwischen, denn wenn man das Gold zu früh auflegt, verliert es seine Wirkung; es ersäuft buchstäblich und neigt dazu, runzlig zu werden. Legt man das Gold hingegen zu spät auf, so haftet es unter Umständen nicht auf dem Grund. Sollte man den richtigen Zeitpunkt verpaßt haben, so ist die Möglichkeit gegeben, den Vorgang des Mixtionauftrages noch einmal zu wiederholen.

Ohne Netze zu benutzen, schießt man nun das Gold an, genau wie bei der Polimentvergoldung beschrieben. Mit einem feinen Haarpinsel oder etwas Watte kann man das Gold leicht niederdrücken und dann einkehren.

Auch bei dieser Technik kann sich – besonders auch für den Anfänger – die Anwendung von **Sturmgold** als nützlich erweisen. Absolut notwendig ist jedoch die Verwendung von Sturmgold, wenn man im Freien arbeiten will.

Sturmgold ist auf Seidenpapierblättchen aufgezogen, die man ohne Schwierigkeit mit der Schere zuschneiden kann. Auf der einen Seite steht das Papier etwas über – dort kann man es gut anfassen. Mit Vorteil bereitet man sich eine kleine Schachtel vor, in welcher man die zugeschnittenen Blättchen aufbewahrt.

Man legt die Goldseite auf das Mixtion und drückt leicht mit etwas Watte an, worauf man vorsichtig abkehrt.

Sturmgold kann prinzipiell bei allen Mixtionvergoldungen eingesetzt werden.

Wenn man statt einer Vergoldung eine **Versilberung** machen möchte, so ist die gleiche Vorgangsweise nötig, wie bei Gold beschrieben. Will man die Versilberung in hellem Zustand erhalten, überzieht man sie mit hellem Schellack. In der gleichen Weise erfolgt auch die Technik mit **Blattaluminium**, das die Wirkung von Silber hat, aber viel billiger ist als dieses. Es braucht nicht mit Lack überzogen zu werden, da Aluminium nicht oxydiert. Blattaluminium ist so dick, daß man es ohne weiteres mit der Hand auflegen kann. Gelingt dies nicht, so kann man immer noch den Anschießer zu Hilfe nehmen.

Auch für die Anwendung von **Schlagmetall** gelten dieselben Vorarbeiten. Zum Anschießen legt man eine Folie nach der anderen auf das Vergolderkissen und schneidet sie dort zurecht. Mit fettfreien, nicht feuchten Händen legt man das Schlagmetall auf den Untergrund und drückt mit Haarpinsel oder Watte gut an. Das Überschüssige wird weggekehrt. Da das Schlagmetall eine Legierung ist, sollte man es mit Schellack überziehen. Dazu bieten sich die Sorten ›hell‹ oder ›getönt‹ an. Falls beim Überziehen mit Schellack dieser weißlich auftrocknet, so ist das ein Zeichen dafür, daß die Raumtemperatur zu niedrig ist. Mit einem Heizlüfter oder Fön kann man dem Mangel leicht abhelfen.

Es gibt noch weitere Möglichkeiten der Mixtionvergoldung, die ohne Kreidegrundauftrag ausgeführt werden, allerdings nicht so edel aussehen wie die mit Kreidegrund. Das Verfahren ist rasch und einfach, zeigt aber naturgemäß jede noch so kleine Unebenheit des Untergrundes. Diese Technik läßt sich sowohl auf Holz als auch auf allen anderen Materialien anwenden, bei denen man den Grund absperren kann. (Auf Stuck ist sie theoretisch möglich, aber nicht ratsam.) Es gibt dabei zwei Möglichkeiten.

1. für Innenräume: Man bringt eine Schellackierung direkt auf das Material auf, d. h., man streicht einmal sehr dünn und anschließend zwei- bis dreimal dicker, bis der Lack glänzt. Dann verfährt man, wie oben angegeben.

2. für Außenarbeiten (z. B. für Steinmetzarbeiten oder Denkmäler, also vorwiegend auf Stein). Da Schellack nicht wetterfest ist, muß man den Grund mit Ölfarbe oder Lack aufbauen, so daß er abgesperrt ist. Auf keinen Fall darf für außen Kreidegrund verwendet werden. Dann verfährt man, wie angegeben.

Mixtionvergoldung auf Eisen (z. B. für Grabkreuze, Gitter usw.)
Der Gegenstand wird, wenn nötig, entrostet, was entweder mechanisch mit einer Drahtbürste oder auf chemischem Weg mit einem Entroster geschehen kann. Dann trägt man eine Rostschutzfarbe auf, worauf man einen Ölfarben- oder Lackgrund aufbaut, d. h., man macht einen bis zwei Aufstriche. Man kann sich dafür eines gelben Grundes bedienen, der auf jeden Fall stehenbleibt, auch wenn die Vergoldung abgewittert ist. Die Vergoldung wird in Mixtiontechnik aufgetragen. Sehr gut sehen z. B. Gitter aus, wenn an ihnen Farbe und Gold einander abwechseln. Zuerst wird die Farbe aufgetragen, dann wird vergoldet bzw. versilbert und anschließend noch einmal mit Farbe korrigiert. Der erste Farbauftrag muß ganz trocken sein, ehe man das Vergolden in Angriff nimmt, weil sonst die Folien an falschen Stellen kleben bleiben. Die gewünschten Blättchen werden, wie oben beschrieben, aufgelegt. Bei Vergoldungen, die für Außenbereiche bestimmt sind, bedient man sich eines besonders guten und starken Goldes, des ›Doppelgoldes‹, das man auch in zwei Arbeitsgängen auftragen kann. Es wird also auf die fertige Vergoldung nochmals Mixtion aufgelegt und neu angeschossen, was praktisch einer Doppelvergoldung gleichkommt. Auch hier ist es des Luftzuges wegen ratsam, Sturmgold zu verwenden, was übrigens für alle Außenarbeiten gilt.

Ein Überziehen des Goldes mit Lack ist nicht ratsam. Tut man es doch, so bildet der Lack manchmal nach einiger Zeit Schleier über dem Gold; außerdem kann der Lack absplittern. Was man allerdings stets bedenken sollte: Mixtionvergoldungen auf Eisen sind nicht unbedingt griff- und abreibefest.

Silber und Blattmetalle auf Eisen (Blattaluminium und Schlagmetall): Man verfährt wie oben angegeben.

Mixtionvergoldung bzw. **Versilberung** und Verwendung anderer Blattmetalle auf **Metall** wie z. B. Kupfer, Zink (verzinkte Grabkreuze oder Gitter), Chrom, Aluminium: Man macht den Gegenstand fettfrei, d. h., man säubert ihn mit Nitroverdünnung und bestreicht ihn laut Anleitung mit Wash-primer (Haftgrund). Darauf erfolgt der Auftrag von Ölfarbe oder Lack und schließlich, wie oben angegeben, Mixtion sowie die gewählte Metallfolie.

Mixtionvergoldung, Versilberung und Verwendung anderer **Blattmetalle** auf **Putz** und **Stein**
Die Vorgehensweise ist für Innen- und für Außenarbeiten leicht unterschiedlich.
   1   Für innen: Man trägt einmal Schellack dünn, dann zwei- bis dreimal dicker auf, bis er glänzt. Darauf bringt man das Mixtion und die Metallauflage, wie oben beschrieben, auf.
   2   Für außen: Man baut aus Ölfarbe oder Lack einen wetterbeständigen Grund auf, auf den man das Mixtion aufstreicht. Dann fährt man fort, wie oben angegeben.

19   Anwendung von Vergoldermilch

Was man an dieser besonders beachten muß und was wir deshalb gleich an den Beginn dieses Kapitels stellen wollen: Vergoldermilch kann nur im Innenbereich verwendet werden. Sie ist ein Ersatz für Mixtion und für den Anfänger auch leichter handhabbar. Die Trockenzeit erstreckt sich auf eine Dauer von 15 Minuten bis zu 30 Stunden, womit allein schon eine gewisse Schwierigkeit, die beim Mixtion gegeben ist, wegfällt.

Vergoldermilch ist im Handel erhältlich und hat ihren Namen von ihrem leicht milchigen Aussehen. Um sie anwenden zu können, muß der Grund in gleicher Weise vorbereitet werden wie bei einer Mixtionvergoldung, und auch hier muß der Grund nicht-saugend sein. Die Vergoldermilch wird sehr dünn und gleichmäßig aufgetragen. Angeschossen werden können anschließend nicht nur Gold und Silber, sondern auch Aluminium und die anderen Blattmetalle.

20 Vergoldung hinter Glas

Viele Hinterglasmaler lieben es, ihren Bildern einen echtgoldenen oder auch gold-imitierten Hintergrund zu geben oder aber bestimmte Gegenstände, wie z. B. Kronen, Bischofsmitren und Bischofsstäbe zu vergolden. Besonders diejenigen Maler sind daran interessiert, die in Ikonenmanier arbeiten, oder aber jene, die Schilder in Hinterglastechnik oder Schriften malen. Für sie alle haben wir dieses Kapitel verfaßt. Vergoldung hinter Glas kann sowohl mit echtem Blattgold – man kann ebenso Silber verwenden – wie auch mit dem sehr viel preiswerteren Schlag-metall durchgeführt werden, das allerdings einen etwas vordergründigen Glanz im Vergleich zu echtem Gold hat.

Je nachdem, ob ein ganzer Hintergrund oder ein bestimmter Teilbereich inner-halb der Malerei vergoldet werden soll, wird zuerst die Malerei ausgeführt, wobei man die zu vergoldenden Stellen ausspart. Wie grundsätzlich bei aller Vergoldung muß auch an diesen Stellen das Glas fettfrei und in tadellosem Zustand sein. Durch das Anbringen der Goldfolien entstehen Spannungen, die bei fehlerhaftem Glas zum Zerspringen führen können. Vor Inangriffnahme der Arbeit wird die Glas-scheibe mit verdünntem Spiritus gereinigt. Will man nur eine bestimmte Partie, ein Ornament oder eine Schrift in Gold wiedergeben, kann man sich einer modernen Methode bedienen. Es handelt sich um die Anwendung von Schneide- oder Streichfolien, die man in Schablonenart auf das Glas klebt oder streicht. Das betref-fende Ornament oder die Schrift werden seitenverkehrt aus der Schablone heraus-geschnitten. Prinzipiell gibt es zwei Möglichkeiten der Vergoldung hinter Glas:

1 **Glanzvergoldung** bzw. -versilberung. Man geht nach folgendem Rezept vor: ¼ l Wasser und 6 cm² Gelatineblättchen läßt man quellen und löst sie im Wasser-bad. Die erwärmte Gelatine trägt man auf das Glas auf. Wichtig ist hierbei die Raumtemperatur, die bei 20 Grad liegen sollte. In die noch nasse Gelatine schießt man das Gold an. Die überschüssige Gelatineflüssigkeit wird mit – notfalls mehre-ren – Löschblättern aufgesaugt. Nach genügender Trockenzeit wird mit einem

Wattebausch in eine Richtung poliert. Wenn das Gold zu durchsichtig erscheint, kann man den Vorgang wiederholen. Schlagmetalle sind für diese Technik weniger geeignet.

2 **Mattvergoldung** bzw. -versilberung. Man reinigt das Glas, wie oben angegeben, und bestreicht die Fläche bzw. die Zeichnungsteile sehr dünn mit Mixtion. Nach der entsprechenden Trockenzeit schießt man das Gold an. Mit Watte drückt man an bzw. kehrt ein. Diese Technik kann sowohl mit Blattgold als auch mit allen Blattmetallen durchgeführt werden.

21   Vergoldung auf Papier

Die frühesten Vorläufer der Vergoldung auf Papier reichen weit ins Mittelalter zurück, als Mönche kostbare Buchillustrationen schufen. Reich verschnörkelte Initialen, Wappen und vieles andere wurde in Gold wiedergegeben (Farbtafel 5).

An der Technik hat sich seither nur wenig geändert: Man vermischt ein Eigelb mit 15 bis 20 Tropfen Glyzerin und trägt diese Flüssigkeit sehr exakt dort auf, wo später das Gold stehen soll. In die noch nasse Anlegemasse schießt man das Gold an. Nach der Trocknung poliert man mit Watte.

Auch die Mixtionvergoldung ist ebenso möglich wie die Anwendung von Vergoldermilch auf Papier. Die zu vergoldenden Teile werden mit Schellacklösung grundiert, bis diese glänzt. Man läßt trocknen und trägt anschließend nach Wunsch Mixtion bzw. Vergoldermilch dünn auf. Nach nochmaligem Trocknen schießt man das Gold an und kehrt ein.

Eine kompliziertere Technik bedient sich der Polimentvergoldung. Allerdings ist das Papier seinem Wesen nach kein stabiler Träger für das Gold, es kann sich verbiegen, einknicken usw., dies sind Eigenschaften, die die Kreidegründe und das darauf haftende Gold leicht abblättern lassen. Am ehesten darf man die Technik bei Papier dort anwenden, wo man überzeugt ist, daß das Papier in ruhendem Zustand belassen wird. In den meisten Fällen wird es sich ohnehin nur um kleinere Flächen handeln. Glattes Papier rauht man zunächst auf und bestreicht die entsprechenden Stellen zweimal mit Kreidegrund. Auch beim Polimentieren kann man 2 bis 3 Schichten einsparen. Das Vergolden und Polieren erfolgt, wie bei Polimentglanzvergoldung beschrieben.

22   Verschiedene Bronzierungen

Die Bronzierung ist, so gut sie auch ausgeführt sein mag, doch immer nur ein billiger Ersatz für die Glanz- oder Mattvergoldung bzw. Versilberung und kann deren eindrucksvolle Eleganz niemals erreichen. Bronzierungen werden deshalb hauptsächlich für dekorative Zwecke eingesetzt z. B. in der Grafik, bei eher wertlosen Gegenständen, deren Aussehen man nicht durch eine Vergoldung eigens hervorheben möchte. Häufige Anwendung finden sie bei Rahmenleisten, Verzierungen an Möbeln, Türen usw.

Die Art der Bronzierung, die die schönste Wirkung hervorruft, beruht auf der Verwendung von **Pudergold**. Wie der Name schon sagt, handelt es sich um echtes Gold in Pulverform, weshalb das Material auch recht kostspielig ist. Schon in früheren Jahrhunderten hat man Pudergold z. B. für feine Ornamente, Sterne, Blumenranken, grafische Linien oder Schriften herangezogen. Dies ist auch heute noch der Fall. Besonders bei Grafikern ist das Pudergold beliebt, da es problemlos und leicht zu handhaben ist. Außerdem hat es den Vorteil, daß es nicht oxydiert. Angerührt wird es mit wäßrigen (früher Eiklar) oder öligen Bindemitteln. Eine spezielle Sorte, das **Muschelgold**, ist bereits gebunden. Es bezieht seinen Namen aus der Tatsache, daß man früher das Pudergold mit Gummi arabicum gebunden und in kleine Muscheln abgefüllt hat. Auch heute trägt es noch die Bezeichnung ›Muschelgold‹, obwohl die Muscheln inzwischen kleinen Plastikgefäßen gewichen sind.

Über den Fachhandel kann man eine große Zahl von Bronzen beziehen, mit deren Hilfe sich viele interessante Effekte erzielen lassen. Die praktischsten sind die bereits gebrauchsfertigen Bronzen, bei denen das jeweilige Pulver in eine Tinktur eingerührt ist. Es gibt auch solche, bei denen man diesen Vorgang selbst ausführt, was natürlich die Palette der Möglichkeiten vor allem hinsichtlich der Farbe gewaltig vergrößert. In diesem Fall wird man auf den Untergrund zu achten haben. So wird man z. B. auf Ölfarbe ölige oder harzige Bindemittel verwenden wie etwa Leinöl oder die im Handel erhältlichen Bronzetinkturen. Auf Lackgrund wird hingegen Lack als Bindemittel angewandt, also z. B. Schellack, Öl-Lack, Kunstharz- oder Nitrolack. Auf Dispersionsgründen stehen am besten Dispersionen als Bindemittel und auf den verschiedenen Leimfarbengründen die entsprechenden Leime wie z. B. Hautleim, Glutolinleim usw.

Die angerührten Bronzen trägt man mit weichem Pinsel auf. Handelt es sich um größere Flächen und besitzt man ein Spritzgerät, wird man dieses dafür verwenden, um einen fleckenlosen Auftrag zu erzielen.

Da die Bronzen mit Ausnahme des echten Puder- und Muschelgoldes alle oxydieren, muß man die Flächen mit einem Überzug schützen. Der Handel hält für diesen Fall spezielle Überzüge für Bronzen bereit; man kann aber auch Schellack, Zaponlack und andere diverse Lacke dafür verwenden. Eines muß allerdings immer berücksichtigt werden: Soll der Gegenstand im Freien aufgestellt werden, muß man auf Wetterfestigkeit Rücksicht nehmen.

Eine Art des Bronzierens, deren Resultat ein wenig ›edler‹ wirkt, ist die Heranziehung des **Mixtion**. Für den Untergrund gilt alles, was wir bei der Mixtionvergoldung beschrieben haben, einschließlich des Mixtionauftrags und des Trocknens. Nun macht man sich eine Art Beutel, in den man das Bronzepulver schüttet. Mit einem Pinsel oder Stäbchen klopft man dagegen, so daß das Pulver fein verteilt auf die mit Mixtion bestrichene Fläche fällt, und kehrt mit feinem Pinsel das Überschüssige ab. Der Vorteil dieser Methode liegt auf der Hand: Es sind keinerlei Pinselstriche zu sehen, und der Auftrag ist glatt.

Es gibt dann noch **Polierbronzen**, die allerdings sehr arbeitsaufwendig sind, da man für sie den gleichen Aufbau herstellen muß wie für die Polimentvergoldung, nur mit dem einen Unterschied, daß man statt des Goldes die Bronze aufträgt. Die Polierbronze bindet man mit einer dünnen Schellack-Lösung und trägt sie auf das Poliment auf. Nach ca. einer Viertelstunde kann man mit dem Achatstein polieren. Bei dieser Technik empfiehlt es sich wie bei vielen anderen, erst einmal eine Probe zu machen.

Gleichfalls im Handel in verschiedenen Tönen erhältlich ist das **Treasuregold**, bei dem es sich um ein mit Wachs gebundenes Bronzepulver handelt. Der Auftrag erfolgt mit dem Finger oder einem Wolltuch. Man verwendet das Treasuregold vor allem dort, wo es sich um kleinere Flächen handelt, z. B. für Ausbesserungen an Rahmen.

Ein neuartiges Material ist in Form einer **Zellophanfolie** verfügbar, auf die achtzehnkarätiges Gold aufgespritzt ist, das mit einem Patentkleber gebunden wurde. Man legt die Folie auf die gewünschte Fläche und drückt mit hartem Bleistift oder Kuli die jeweilige Schrift bzw. das Ornament auf. Dabei überträgt sich das Gold auf den Untergrund.

144

23 Moderne Verfahren

Wie wir schon mehrmals erwähnt haben, ist die Technik des Polimentvergoldens bereits uralt und hat sich im Laufe der Jahrhunderte so gut wie gar nicht verändert. Trotzdem konnte es nicht ausbleiben, daß sich die moderne Technologie des 20. Jahrhunderts ihrer bemächtigt hat, allerdings mit nur recht mäßigem Erfolg. Findige Unternehmen haben versucht, Verfahren zu ersinnen, mit deren Hilfe man sich die umständliche mehrmalige Grundierung und alle nachfolgenden Arbeitsgänge vereinfachen kann. So ist man heute als Käufer in der Lage, in ganz ausgewählten Fachgeschäften eine Art Paste in rötlicher Farbe (auch in anderen Farbtönen) und eine Patentlösche zu erwerben. Erstere trägt man mehrmals auf das Werkstück auf, danach wird, ohne zu polimentieren, gleich das Gold angeschossen. Man muß sich dabei genau an die Anweisungen halten. Die Mittel sind ziemlich teuer im Gebrauch und eignen sich im wesentlichen nur für kleine Flächen. Wenn man z. B. einer kleinen Krippenfigur eine goldene Krone aufsetzen will, kann man sich ihrer bedienen, ebenso wie sie von manchen Ikonenmalern verwendet werden. Für große Gegenstände ist das Verfahren allerdings zu teuer und dabei auch zu unsicher, denn das Goldanschießen und nachfolgende Polieren kann gelingen, muß aber nicht. Sicherer ist es jedenfalls, die altbewährte Methode der Polimentvergoldung anzuwenden.

Man hat auch schon versucht, mit Dispersionen anstelle des Hasenhautleimes zu arbeiten. Auch diese Methode brachte bisher – und das vor allem an kleineren Objekten – nur einen mittelmäßigen Erfolg.

24 Reinigung und Restaurierung von Vergoldungen

Ehe man an die Reinigung bzw. Restaurierung einer Vergoldung, z. B. an einem Rahmen, einer Skulptur usw., herangeht, muß man zunächst untersuchen, um welche Art der Vergoldung es sich bei dem jeweiligen Werkstück handelt. Polimentvergoldungen, die ja gegen jede Art von Feuchtigkeit sehr empfindlich sind, sollte man nur trocken reinigen oder allenfalls äußerst vorsichtig mit einem feuchten Schwamm, mit dem man nur leicht über das Gold streicht und ja nicht reibt. Ölvergoldungen und alle Blattmetallauflagen auf Ölbasis kann man feucht und unter Zuhilfenahme eines fettlösenden Mittels wie z. B. Spülmittel oder Seife abwischen. Dasselbe gilt auch für alle Blattmetallauflagen, die einen Überzug (z. B. Lack) aufweisen. Aber auch hier ist äußerste Vorsicht geboten. Ein Nachreiben mit Schwarzbrot erweist sich als günstig.

Viele Vergoldungen, vor allem reich unterschnittene Ornamente z. B. an Spiegel- oder Bilderrahmen, Lustern, Ziergegenständen und Skulpturen, sind große Staubfänger. Im Laufe der Zeit sammelt sich speziell in den Vertiefungen allerlei Schmutz an, den es erst einmal trocken zu entfernen gilt. Das macht man am besten mit verschieden großen Pinseln. Eine weitere sehr beliebte und probate Art der Reinigung geschieht, wie schon erwähnt, unter Zuhilfenahme von Schwarzbrot, mit dem man die Vergoldung kräftig abreibt. Die so entstandenen Krümel muß man mitsamt dem Schmutz und Staub selbstverständlich nachher peinlichst genau entfernen. Noch wirkungsvoller ist eine Mischung von Spiritus und Kreide, die man mit dem Pinsel auf das Gold aufträgt, gut durchtrocknen läßt und dann mit Schwarzbrot entfernt. Statt Spiritus und Kreide kann man auch Kleesalz verwenden. Besonders schön wird das Gold, wenn man es nach dieser Behandlung mit dem Achatstein poliert, was man aber nur tun darf, wenn die Vergoldung über keinerlei Überzug verfügt. Eine Probe ist hier unerläßlich.

Etwas schwieriger als das Reinigen ist das **Restaurieren** von Vergoldungen. Je nach dem Zustand des Goldes gibt es verschiedene Vorgangsweisen, die sich alle auf

Polimentvergoldung beziehen. Wenn sich z. B. der Kreidegrund noch in tadellosem Zustand präsentiert, vom Gold aber nur noch wenig vorhanden ist und der Bolus mehr oder weniger frei steht, kann man diesen vorsichtig bis zum Kreidegrund abschleifen. Danach wird mit Lösche bedeckt, polimentiert, neues Gold angeschossen und poliert. Auch in diesem Fall empfiehlt es sich, eine Probe zu machen.

Bei der Weinbrandmattvergoldung geht man in einem derartigen Fall ganz ähnlich vor: Man kann die entsprechenden Stellen mit gelbem Poliment löschen, ausleimen und das Gold anschießen.

Wenn die Goldauflage noch ganz gut, aber zu dünn ist, kann man, nachdem man genetzt hat, neues Gold anschießen und polieren. Auch hier ist es besser, eine Probe vorzunehmen. Grundvoraussetzung für das Gelingen ist äußerste Sauberkeit des Werkstückes.

Blättert bei der Polimentvergoldung der Kreidegrund ab, muß man ihn bis zum Holz bzw. dem jeweiligen andersgearteten Trägermaterial (z. B. Stuck) entfernen. Um sich diesen Vorgang zu erleichtern, feuchtet man den Grund gut mit warmem Wasser an, worauf er aufzuweichen beginnt. Sodann setzt die Arbeit mit dem Gravierhaken oder Messer ein. Wenn der gesamte Grund restlos entfernt ist und das Holz blank daliegt, läßt man dieses gut durchtrocknen. Sonnenschein oder die Nähe einer Heizung müssen aber vermieden werden, weil sonst Risse entstehen können. Dann beginnt man das gesamte Verfahren der Polimentvergoldung.

Sind nur kleine Ecken aus dem Grund ausgebrochen, kann man diese mit einer Mischung von Kreidegrund und Moltofill oder Gips auskitten. Ist die Lücke mit dieser Füllung geschlossen, streicht man etwas flüssigen Kreidegrund darüber, verschleift die Stelle und paßt sie der Umgebung an. Dann schließt sich der weitere Arbeitsvorgang mit dem Löschen usw. an.

Für ganz kleine Stellen kann man auch die modernen Mittel einsetzen, die wir im entsprechenden Kapitel beschrieben haben. Sind auf einem Gegenstand über der Vergoldung Bronzierungen vorhanden, kann man versuchen, diese mit einem Abbeizpräparat zu entfernen.

Fassen

25 Allgemeines

Bevor wir mit unseren technischen Erläuterungen beginnen, dürfen wir den Leser bitten, zunächst das Kapitel ›Vergoldung und Fassung im Wandel der Stilepochen‹ nachzulesen, aus dem er viel über die Technik des farbigen Fassens erfährt. Was dort für längst vergangene Zeiten wie z. B. die Gotik gesagt wird, hat auch heute noch Geltung. So hören Sie in dem historischen Überblick auch etwas über die herausragende Bedeutung, die der Fassung zukommt. Und in der Tat ist es so, daß eine gekonnte Fassung ein Schnitzwerk erst zu einem Kunstwerk erheben oder aber auch vollkommen ruinieren kann. Das beginnt schon beim Auftragen und besonders beim Schleifen und Gravieren der Kreidegründe, die die schroffen Kanten mildern und ausgleichen. Ein grundiertes und gefaßtes Schnitzwerk wird viel weichere Konturen haben als ein naturbelassenes. Aber gerade auf diese Konturen kommt es an. Kaum ein Schnitzwerk ist an sich völlig makellos. Fast jedes wird diese oder jene kleineren oder größeren Fehler aufweisen, die sich naturgemäß besonders bei Skulpturen – und da speziell bei den feinmodellierten Gesichtszügen – am deutlichsten bemerkbar machen. Aufgabe des Faßmalers ist es, die Fehler auszugleichen bzw. sie unsichtbar zu machen. Das kann z. B. der Fall sein bei den Augen, die voneinander im Hinblick auf Höhe oder Größe etwas abweichen, bei einem Mund, dessen Winkel verschieden hochgezogen sind, bei den Ohren, deren Höhe nicht ganz gleich ist usw. Der perfekte Faßmaler ist derjenige, der einer unperfekten Schnitzarbeit ein vollkommenes Erscheinungsbild zu geben imstande ist.

Als ›Bild‹ bezeichnet man im allgemeinen einen Gegenstand, der von der Farbe getragen wird, während ein Schnitzwerk von der Form lebt. Die geglückte Synthese von beiden ergibt das Bildwerk, dann nämlich, wenn eine Fassung gut gelungen und die künstlerische Einheit von Farbe und Form gewahrt ist.

Im allgemeinen besteht die Fassung eines Bildwerkes aus Inkarnat (Hautfarbe) und Gewändern, wobei man mit dem Ausdruck ›Fassung‹ die Farbgebung des Gesamtwerkes bezeichnet. Es mag als selbstverständlich gelten, daß diese Fassungen gewissen Stilveränderungen unterworfen sind, was man z. B. an der Farbgebung des Inkarnats und der Gewandteile ablesen kann. Die jeweils herrschende Kleidermode hat die Gewandung der Skulpturen in den einzelnen Epochen maßgeblich beeinflußt. Auch die Tönung des Inkarnats hat sich im Laufe der Jahrhunderte um eine Winzigkeit verschoben, weg von der ›vornehmen Blässe‹ gotischer Fleischtöne zu den etwas gesünder wirkenden realistischeren Tönen des Barock und Rokoko (siehe Farbtafeln 10 und 11).

Überlegt man sich heute die Farbtöne einer Skulpturenfassung, muß man unter Umständen zunächst den späteren Aufstellungsort und dessen Beleuchtung ins Kalkül ziehen, z. B. wenn es sich um eine Auftragsarbeit für ein Kircheninneres handelt. Kennt man den Aufstellungsort nicht, ist man nicht so gebunden. Auf jeden Fall sollte man aber, ehe man sich an die Arbeit heranmacht, ein genaues Konzept entwerfen und festlegen, wo Glanz-, wo Mattgold oder Silber und wo Lüster und Farbe angebracht werden sollen. Wie schon oft erwähnt, müssen alle vergoldeten oder versilberten Teile ausgeführt sein, bevor man die Farbgebung in Angriff nimmt: Die meisten Faßmaler halten sich an diese Reihenfolge: Gold – Inkarnat – Farbe. Es darf nicht verschwiegen werden, daß neben der Vergoldung auch das stilgemäße Fassen eine gewisse Übung erfordert, die man sich natürlich nur nach und nach aneignen kann. Sehr von Vorteil für das Endergebnis ist es dabei, wenn man möglichst selbstkritisch und nicht gleich zufrieden ist. Oft entscheidet ein winziger Pinselstrich, ein Punkt, über die Qualität des Ausgeführten. Dies ist besonders bei den Gesichtern der Fall. Erst die farbige Fassung, die Bemalung, gibt dem Kopf den Charakter. Ob der Gesichtsausdruck ein fröhlicher, ein entschlossener, ein kritischer, ein trauriger ist, das ist in jedem Fall letztlich von allerkleinsten Pinselstrichen abhängig.

Wir geben Ihnen, lieber Leser, im nachfolgenden Kapitel das technische Rüstzeug zur Ausführung eines Inkarnats – was Sie aber selbst mitbringen müssen, ist das künstlerische Gespür, das Ihnen kein Buch dieser Welt vermitteln kann.

Die Methode, die wir Ihnen darlegen, wiederholt sich an jedem neuen Bildwerk, das Sie in Angriff nehmen. Da sich aber das nächste Kapitel nur auf das Inkarnat des Gesichtes bezieht, wollen wir Sie an dieser Stelle aufklären über die Fassung der restlichen Fleischteile, unter Aussparung des Gesichtes.

Um einem Körper ein plastisches Aussehen zu geben, ist es nötig, die gleichmäßig aufgetragene Grundfarbe mit einigen rötlichen Stellen zu beleben. Diese setzen wir in die Beugen von Ellbogen und Knien und an diese selbst; am Hals, und bei Händen und Füßen an deren Spitzen und Knöcheln. Wenn eine menschliche Figur barfuß dargestellt ist, erhalten die Fersen eine Rötung; sollten Adern geschnitzt sein, gibt man diesen einen leicht bläulichen Ton. Dasselbe gilt für einen nackten Christus am Kreuz, dessen Hände und Füße gleichfalls leicht blaustichig gemalt werden. Verfügt die Figur über einen Bart, so gibt man diesem die Farbe des Kopfhaares. Wangenrot und Barthaar werden weich ineinanderschattiert.

Für die genaue Farbgebung der Gewandteile ist es vorteilhaft, sich an alte farbige Fassungen aus früherer Zeit zu halten, wie man sie in Museen und Kirchen vorfinden kann. Außerdem muß man natürlich den eigenen guten Geschmack zur Geltung kommen lassen, der z. B. eine zu grelle Farbzusammenstellung verbieten wird. Auf jeden Fall wird es zumeist nötig sein, den Farbauftrag mindestens zweimal durchzuführen, um eine gute Deckung zu erreichen.

Wenn wir schon beim Thema ›Farbgebung‹ sind, wollen wir Ihnen verraten, daß Sie dafür sowohl Kasein-, Tempera-, Acryl-, Dispersions- als auch Ölfarben verwenden können. Geschmack und Stilempfinden, viel Geduld und Mühe sowie ein gutes Maß an Erfahrung sind nötig, will man eine perfekte Fassung zustande bringen.

26 Fassung eines Gesichtes, dargestellt an einem Engelskopf

Benötigtes Farbmaterial für die Gesichtsfarbe (Inkarnat)

Hautfarbe:	Grundton Weiß, kleine Spuren von Ocker, Zinnober, Oxydrot oder gebrannte Umbra, Umbra natur, eventuell eine Spur Blau.
Wangen und Lippen:	Zinnober, etwas Oxydrot oder gebrannte Umbra, Ocker.
Haarfarbe:	Umbra natur und gebrannt, Ocker, etwas Weiß, Schwarz je nach angestrebter Haarfarbe.
Augen:	Gleiche Farben wie Haare oder weiches Blau, für die Pupille Schwarz.

Weitere Materialien

Pinsel:	Für jede Farbe einen separaten Pinsel (weiße Borstenpinsel), also einen Pinsel zum Auftragen der Hautfarbe, einen zum Einarbeiten der Wangen und der übrigen geröteten Stellen, insgesamt 4 bis 5 weiße Borstenpinsel und 2 bis 3 feine Haarpinsel für Lippen, Augen, Augenbrauen. Die Stärken hängen von der Größe des Werkstückes ab.
Zum Patinieren:	Weißer Borstenpinsel. Wachspatina: Bienenwachs oder gelöstes farbloses bzw. nicht-färbendes Wachs, Terpentin, etwas Kreide, Schwarz, Umbra natur, eine Spur Umbra gebrannt oder Ocker. Der Gesamtton sollte schmutziggrau sein. Die Farbmischung wird mit dem Wachs gemischt.

152

Wir wollen Ihnen, lieber Leser, nun die Ausführung einer Fassung anhand eines Engelskopfes erklären (siehe dazu die große Demonstrationsserie der Farbtafeln 34–45). An unserem Modell haben wir zunächst die Flügel vergoldet (eine Versilberung wäre theoretisch ebenso möglich gewesen, wird aber viel seltener vorgenommen).

Beim Auftragen der Kreidegründe sind wir so vorgegangen, daß wir an den Stellen, die wir später farbig lassen wollten, weniger oft grundiert haben als bei denjenigen, die wir nachher vergoldet haben. Die Stärke der Grundierung muß so beschaffen sein, daß man gut schleifen kann, was gerade bei der feinen Modellierung der Gesichtszüge sehr wichtig ist. Ehe man mit der Arbeit des eigentlichen farbigen Fassens beginnt, muß sich der grundierte und geschliffene Gegenstand in bestem Zustand präsentieren.

Auch hier kann man die Fassung in fast allen Farben durchführen, also in Öl, Kasein, Tempera, Dispersion und Acryl. Der Anfänger tut sich am leichtesten mit Ölfarben, weil hier durch die längere Trockenzeit das Einschattieren unproblematisch ist. Allerdings sind die langen Trockenzeiten ein wenig lästig.

Welche Farbe man auch verwendet, der Vorgang ist immer der gleiche. Zunächst muß der Grund abgesperrt werden, damit er nicht mehr so stark saugt. Das geschieht mit einer dünnen Schellack-Lösche (Rezept Nr. 7), die man sehr dünn aufstreicht. Dann bereitet man zwei Borstenpinsel vor, den einen für die Fleischfarbe, den anderen für die Haare. Für das Inkarnat mischt man den

1. Farbauftrag, der ein durch Umbra natur gebrochenes Weiß ist. Gesicht und Haare werden damit einmal bestrichen, wobei man bei den Übergängen zu den vergoldeten Stellen vorsichtig sein muß.

2. Farbauftrag: Nun wählt man den gewünschten Fleischton. Um ihn richtig zu treffen, orientiert man sich am besten an alten Inkarnaten und läßt im übrigen den eigenen guten Geschmack zur Geltung kommen. Der Fleischton sollte keine ›Leichenfarbe‹ sein, also nicht zu blaß oder zu gelbstichig gewählt werden, er sollte aber auch – und das ist noch gefährlicher – nicht zu ›schweinchenfarben‹ erscheinen.

Man beginnt die Mischung mit Weiß, dem man folgende Töne in geringen Mengen zusetzt: Ocker, Zinnober, eine Spur Oxydrot oder gebrannte Umbra, etwas Umbra natur, eventuell eine Spur Blau.

Diesen zweiten Farbauftrag trägt man am Gesicht, an den Ohren und am Hals mit guter, präziser Abgrenzung zum Gold auf. Sollten von der Goldfassung winzige Teilchen in die zu färbende Fläche hineinragen, schleift man sie ab.

Dann trägt man mit dem zweiten Pinsel die **Haarfarbe** auf. Diese kann je nach Geschmack heller oder dunkler sein. Ein zu dunkler Ton sollte vermieden werden, weil sonst die Kontrastwirkung zu heftig ist. Für die Haare mischt man folgende Farbtöne: Umbra natur und gebrannt, Ocker, eventuell etwas Weiß sowie Schwarz. Der Ton sollte nicht allzu stumpf sein.

Man trägt die Haarfarbe nicht ganz bis zum Haaransatz auf, fährt mit dem ersten Pinsel und der Fleischfarbe bis zum Haaransatz und schattiert die beiden Farben weich ineinander, so daß jeder harte Abschluß vermieden wird.

In die noch nasse Fleischfarbe setzt man mit dem Spitzpinsel einen kleinen Tupfer Rot (wie angegeben) auf die Wangenhöhe, auf die Nasenspitze, das Kinn, die Ohrläppchen, in die Halsbeuge und an den Übergang zum Gold, wobei man für die Wangen dem Farbtupfer eine größere Intensität gibt. Mit einem weichen Borstenpinsel verteilt man die Tupfer fein und in kreisenden Bewegungen, so daß stufenlose Übergänge entstehen. Dieser Vorgang muß notfalls mehrere Male wiederholt werden, vor allem vom Anfänger, dem es noch an der nötigen Übung mangelt.

Die **Lippenfarbe** trägt man mit dem Haarpinsel auf, gleichfalls naß in naß mit feinem Übergang.

Für die **Augenbrauen** verwendet man die Haarfarbe, die man möglicherweise mit etwas Weiß aufhellen kann, wenn man nicht darauf spekuliert, daß durch das Naß-in-Naß-Arbeiten die Farbe ohnehin etwas heller wird. An den Lidrand setzt man einen rötlichbraunen **Lidstrich** als Ersatz für die Wimpern.

Wenn man in Öl faßt, muß man nun das Werkstück trocknen lassen (ca. einen Tag), mit wäßrigen Farben kann man sofort weiterarbeiten.

Für die **Augen** setzt man erst das Weiße, nach dem Trocknen je nach Belieben die blaue oder braune Farbe für die Iris. Nach nochmaligem Trocknen malt man das Innere des Auges etwas heller, d. h. man läßt den Rand etwas dunkler stehen. In die Mitte kommt die schwarze Pupille. An den Rand tupft man je nach Lichteinfall ein winziges weißes Licht. Sehr vorteilhaft gerade für das Malen der Augen erweist sich eine Selbstbeobachtung im Spiegel. Danach wird man gelegentlich genötigt sein, gewisse kleinere oder auch größere Korrekturen anzubringen, um den Engel nicht etwa schielen zu lassen.

An die Stelle der **Nasen-** und **Ohrlöcher** setzt man einen Tupfer mittleres Rot. Wenn die **Zähne** sichtbar sind, malt man sie in gebrochenem Weiß. Falls der **Mund** geöffnet ist, gibt man seinem Inneren eine dunkelrote Tönung.

Sind die Farben getrocknet, wird die **Patina** aufgetragen, was mit einem Borstenpinsel und sehr gleichmäßig zu geschehen hat. Man läßt etwas antrocknen und holt das Überschüssige, vor allem an den Höhen, wieder weg. Im Zweifelsfall hält man die Patina eher zu hell als zu dunkel und denke daran, daß es sich bei der natürlichen Patina um eine Alterserscheinung handelt, die ja auch keine krassen Dunkeltöne kennt.

Mit einem weichen Wolltuch wird anschließend fein poliert. Hat man sich zum Fassen der Ölfarben bedient, muß man eine andere Art der Patina wählen, und zwar eine solche mit Bindemittel auf wäßriger Basis. Der Fachhandel hält derartige Produkte bereit.

27 Reinigung und Restaurierung von Fassungen

Für das einfache Reinigen von Fassungen gilt das gleiche wie für die bereits beschriebene Reinigung der Vergoldungen: Sorgfältig mit dem Pinsel entstauben! Sehr viel schwieriger und gefährlicher ist die tiefergehende Reinigung, setzt sie doch eine genaue Materialkenntnis voraus. So kann man, wenn man sicher ist, daß es sich um eine Ölfassung handelt, sehr vorsichtig mit feuchtem Schwamm über die Fläche streichen, was man aber nicht tun darf, wenn die Fassung auf wasserlöslichen Bindemitteln aufgebaut ist. Diese würden sich unter dem Einfluß der Flüssigkeit sofort zu lösen beginnen, womit man unter Umständen an der Fassung einen nicht wieder gutzumachenden Fehler begeht. Dieser wiegt um so schwerer, je wertvoller das entsprechende Stück ist. In einem solchen Fall ist es besser, den Rat und die Hilfe eines Fachmannes einzuholen. Nur wenn es sich um ein Schnitzwerk ohne besonderen Wert handelt, kann man daran experimentieren.

Wenn bei einer Fassung der Kreidegrund vom Holz abblättert, muß man ihn bis zum Holz entfernen. Diese Arbeit kann man sich erleichtern durch Anfeuchten mit warmem Wasser, wodurch sich der Kreidegrund zu lösen beginnt. Die Hauptarbeit freilich wird dem Gravierhaken oder Messer zukommen, mit dem man die Kreideschichten abkratzt. Wenn sich das Werkstück danach noch im feuchtem Zustand befindet, läßt man es zunächst gut durchtrocknen und beginnt dann einen neuen Aufbau.

In vielen Fällen kann man sich bei der Neugestaltung an einer möglichen Kopie des Schnitzwerkes, an Fotos, Bildern aus Büchern usw. orientieren. Was immer man aber tut, man wird auf jeden Fall versuchen müssen, mit sich selbst und seiner Arbeit sehr kritisch zu sein.

Sind hingegen nur einige kleine Stellen abgeblättert, kann man sie mit einer Mischung von Kreidegrund und Moltofill oder Gips auskitten und danach durch Schleifen und Farbgebung an die Umgebung angleichen.

Manchmal kommt es vor, daß man die gesamte Fassung freilegen will oder muß. Dabei sollte man sehr vorsichtig vorgehen, damit man die Originalfassung oder doch so viel wie möglich von ihr bewahrt. Man kann sich dabei mechanischer oder chemischer Hilfsmittel bedienen.

Literaturhinweise

›Das große Buch der Kunst‹, Bildband Kunstgeschichte, Verlag Georg Westermann, Braunschweig 1958

Cornelius Hebing, Vergolden und Bronzieren, Verlag Callwey, München 1960

Michael Kitson, Barock und Rokoko, Schätze der Weltkunst, Band 9, Verlagsgruppe Bertelsmann, Gütersloh 1974

Otto Kostenzer, Das kleine Buch vom Gold, Pinguin-Verlag, Innsbruck 1977

Klaus Dieter Lietzmann, Beitrag in der Zeitschrift ›Urania‹, Leipzig 1985

Kurt Wehlte, Werkstoffe und Techniken der Malerei, Otto Maier Verlag, Ravensburg 1977

Hubert Wilm, Die gotische Holzfigur, Metzlersche Verlagsbuchhandlung, Stuttgart 1940

Heinrich Wulf, Farbwarenkunst, Verlagsgesellschaft Rudolf Müller, Köln 1950

Sachregister

160